DAS UNVERZICHTBARE HANDBUCH FÜR FOTOGRAFEN
40 TIPPS UND ETIKETTE FÜR ANFÄNGER

Inhaltsverzeichnis

Urheberrechtshinweis...1
Einführung in die Fotografie-Etikette: Mit Respekt durch die Welt der Fotografie navigieren 2
Verstehen Sie Ihre Kamera: Grundlagen und Funktionen 4
Auswahl der richtigen Kameraausrüstung.....................................6
Beherrschung des manuellen Modus: Blende, Verschlusszeit, ISO und mehr..8
Kompositionstechniken: Drittelregel, Führungslinien, Rahmung 10
Beleuchtung Grundlagen: Natürliches vs. künstliches Licht 12
Belichtung verstehen: Licht und Schatten ausbalancieren 14
Bewegung einfangen: Tipps für die Actionfotografie 16
Porträtfotografie: Posieren und Kommunikation 18
Landschaftsfotografie: Die perfekte Aufnahme finden 20
Makrofotografie: Die Details erkunden 22
Straßenfotografie: Ethisch im öffentlichen Raum navigieren 24
Eventfotografie: Momente mit Anmut einfangen.........................26
Architekturfotografie: Design und Details hervorheben 28
Reisefotografie: Dokumentieren Sie Ihre Abenteuer.....................30
Tierfotografie: Respektvolle Beobachtung und Sicherheit 32
Bearbeitungsgrundlagen: Verbessern Sie Ihre Fotos 34
Einführung in Fotobearbeitungssoftware 36
Farbkorrektur und Weißabgleich verstehen..................................38
Retuschiertechniken: Porträts verbessern 40
Erstellen Sie atemberaubende Schwarz-Weiß-Fotografien 42
Drucken und Anzeigen Ihrer Fotos...44
Erstellen Sie Ihr Foto Portfolio..46
Urheberrecht und geistiges Eigentum: Schutz Ihrer Arbeit...........48
Social-Media-Etikette für Fotografen 50
Vernetzung und Zusammenarbeit in der Fotografie-Community. 52
Ich suche Feedback und konstruktive Kritik 54

Setzen Sie realistische Ziele und Meilensteine 56
Finden Sie Ihren Fotografie Stil und Ihre Stimme........................ 58
Leidenschaft und Gewinn in Einklang bringen: Machen Sie Ihr Hobby zum Beruf.. 60
Kundenkommunikation und Professionalität............................... 63
Preise für Ihre Fotodienstleistungen.. 65
Vermarkten Sie sich als Fotograf.. 68
Aufbau einer starken Online-Präsenz: Website und soziale Medien 71
Mit Ablehnung und Kritik mit Anmut umgehen 73
Kontinuierliches Lernen: Workshops, Kurse und Ressourcen 75
Inspiriert bleiben: Andere Kunstformen erkunden......................... 77
Pflege Ihrer Ausrüstung: Tipps zur Reinigung und Lagerung........ 79
Umgang mit Burnout und kreativen Blockaden............................. 81
Feiern Sie Ihre Fortschritte und Erfolge 84

Urheberrechtshinweis

Alle Rechte vorbehalten. Kein Teil dieses Buches darf ohne die vorherige schriftliche Genehmigung des Herausgebers in irgendeiner Form oder mit irgendwelchen Mitteln, einschließlich Fotokopieren, Aufzeichnen oder anderen elektronischen oder mechanischen Methoden, reproduziert, verbreitet oder übertragen werden, sofern dies nicht durch das Urheberrechtsgesetz gestattet ist.

Einführung in die Fotografie-Etikette: Mit Respekt durch die Welt der Fotografie navigieren

Also gut, Sie haben diese glänzende neue Kamera und sind bereit, einige unglaubliche Aufnahmen zu machen, aber warten Sie einen Moment! Bevor Sie losklicken, lassen Sie uns über etwas ganz Wichtiges sprechen: die Fotografie-Etikette. Ja, es geht nicht nur darum, zu wissen, wie man mit der Kamera umgeht. Es geht auch darum, wie Sie sich verhalten, während Sie diese magischen Momente festhalten.

Das Wichtigste zuerst: Lassen Sie uns über den Respekt der Privatsphäre der Menschen sprechen. Nicht jeder möchte fotografiert werden, und das ist total cool. Bitten Sie immer um Erlaubnis, bevor Sie ein Foto von jemandem machen, insbesondere wenn es aus nächster Nähe und persönlich ist. Und wenn sie Nein sagen, respektieren Sie ihre Wünsche und suchen Sie sich ein anderes Thema.

Nun zu einem weiteren entscheidenden Punkt: Standort, Standort, Standort! Achten Sie darauf, wo Sie fotografieren. An manchen Orten gelten möglicherweise besondere Regeln zum Fotografieren, etwa in Museen oder auf Privatgrundstücken. Überprüfen Sie immer, ob das Fotografieren erlaubt ist, und befolgen Sie die geltenden Richtlinien. Und hey, wenn Sie im Freien fotografieren, achten Sie auch auf die Natur.

Oh, und wenn wir gerade von Respekt sprechen, sprechen wir über andere Fotografen. Die Welt da draußen ist riesig und die Chancen stehen gut, dass Sie nicht der Einzige sind, der versucht, diesen epischen Sonnenuntergang einzufangen. Seien Sie höflich zu Ihren Kameraden. Blockieren Sie ihre Aufnahmen nicht, beanspruchen Sie nicht den besten Platz, und wenn Sie versehentlich das Bild einer Person mit einer Fotobombe bombardieren, entschuldigen Sie sich und machen Sie weiter.

Und zu guter Letzt: Lassen Sie uns über das Bearbeiten und Teilen Ihrer Fotos sprechen. Es ist verlockend, mit Filtern und Effekten verrückt zu werden, aber denken Sie daran: Weniger ist oft mehr. Seien Sie ehrlich zu Ihren Änderungen, insbesondere wenn Sie sie online teilen. Und hey, gib immer Anerkennung, wo Anerkennung gebührt. Wenn Sie die Arbeit einer anderen Person veröffentlichen, stellen Sie sicher, dass Sie deren Erlaubnis eingeholt haben, und loben Sie sie.

Da habt ihr es also, Leute! Fotografie-Etikette 101. Denken Sie daran, ein großartiger Fotograf zu sein, hängt nicht nur von technischen Fähigkeiten ab; Es geht auch darum, ein anständiger Mensch zu sein. Gehen Sie also raus, machen Sie ein paar tolle Aufnahmen und denken Sie immer daran, die Menschen und Orte um Sie herum zu respektieren.

Verstehen Sie Ihre Kamera: Grundlagen und Funktionen

Okay, lass uns in die Einzelheiten deiner Kamera eintauchen. Sicher, es mag auf den ersten Blick einschüchternd wirken, aber glauben Sie mir, wenn Sie erst einmal den Dreh raus haben, werden Sie in kürzester Zeit wie ein Profi schnappen.

Lassen Sie uns zunächst über die verschiedenen Teile Ihrer Kamera sprechen. Sie haben Ihr Gehäuse, Ihr Objektiv, Ihren Sucher oder LCD-Bildschirm und all diese Tasten und Drehknöpfe. Das mag nach viel Arbeit aussehen, aber keine Sorge, wir werden es Schritt für Schritt aufschlüsseln.

Eines der wichtigsten Dinge, die es zu verstehen gilt, ist das Belichtungsdreieck: Blende, Verschlusszeit und ISO. Betrachten Sie sie als die heilige Dreifaltigkeit der Fotografie-Einstellungen. Die Blende steuert, wie viel Licht in das Objektiv eindringt, die Verschlusszeit bestimmt, wie lange der Verschluss geöffnet bleibt, und ISO misst die Lichtempfindlichkeit des Sensors Ihrer Kamera.

Lassen Sie uns als Nächstes über die Fokussierung sprechen. Die meisten Kameras verfügen über einen Autofokus, der die Arbeit für Sie erledigt, aber für alle Fälle ist es immer gut zu wissen, wie man manuell fokussiert. Apropos manuell: Scheuen Sie sich nicht, in den manuellen Modus zu wechseln und die Kontrolle über Ihre Einstellungen zu übernehmen. Es erfordert vielleicht etwas Übung, aber für die perfekt angepassten Aufnahmen lohnt es sich.

Oh, und vergessen Sie nicht den Weißabgleich! Das hört sich vielleicht ausgefallen an, aber im Grunde geht es nur darum, sicherzustellen, dass Ihre Farben unter verschiedenen Lichtverhältnissen natürlich aussehen. Die meisten Kameras verfügen über einen automatischen Weißabgleich, Sie können ihn jedoch auch manuell anpassen, um präzisere Ergebnisse zu erzielen.

Und zu guter Letzt: Vernachlässigen Sie nicht die anderen Funktionen Ihrer Kamera, wie z. B. Motivprogramme, Bildstile und Aufnahmemodi. Sie helfen Ihnen dabei, in verschiedenen Situationen die bestmögliche Aufnahme zu erzielen. Scheuen Sie sich also nicht, zu experimentieren und herauszufinden, was für Sie am besten funktioniert.

Da habt ihr es also, Leute! Das Verständnis Ihrer Kamera scheint zunächst eine große Herausforderung zu sein, aber mit ein wenig Übung und Geduld werden Sie die Tasten und Einstellräder bald wie ein Profi beherrschen. Also los, geh raus und fang an zu knipsen!

Auswahl der richtigen Kameraausrüstung

Okay, lass uns über die Ausrüstung reden! Wenn es ums Fotografieren geht, kann die richtige Ausrüstung den entscheidenden Unterschied machen. Aber bei so vielen Optionen kann es überwältigend sein, herauszufinden, was für Sie am besten ist. Aber keine Sorge, ich stehe hinter dir.

Das Wichtigste zuerst: Lassen Sie uns über Kameras sprechen. Grundsätzlich gibt es zwei Haupttypen: DSLRs und spiegellose Kameras. DSLRs sind Ihre klassischen, bewährten Kameras mit einem Spiegelmechanismus im Inneren, während spiegellose Kameras, nun ja, spiegellos sind. Beide haben ihre Vor- und Nachteile, es kommt also wirklich auf die persönlichen Vorlieben und das Budget an.

Als nächstes kommen die Linsen. Ach, Linsen, wo fange ich überhaupt an? Es gibt Weitwinkel Objektive, Teleobjektive, Festbrennweiten Objektive, Zoomobjektive ... die Liste geht weiter. Auch hier kommt es darauf an, was Sie fotografieren und wie viel Sie bereit sind auszugeben. Beginnen Sie mit einem vielseitigen Objektiv wie einem Standardzoomobjektiv und erweitern Sie dann Ihre Sammlung.

Und vergessen wir nicht das Zubehör! Sie benötigen wahrscheinlich ein stabiles Stativ für Langzeitbelichtungen, eine gute Kameratasche zum Schutz Ihrer Ausrüstung und vielleicht ein paar Filter, um Ihre Fotos zu verbessern. Oh, und vergessen Sie nicht Speicherkarten und zusätzliche Batterien. Vertrauen Sie mir, Sie möchten nicht, dass Ihnen mitten im Shooting der Saft ausgeht.

Bevor Sie Ihre Kreditkarte für die neueste und beste Ausrüstung ausschöpfen, sollten Sie sich einen Moment Zeit nehmen, um darüber nachzudenken, was Sie wirklich brauchen. Sicher, diese schicke neue Kamera könnte verlockend sein, aber wenn Sie gerade erst anfangen, ist es vielleicht besser, bei einer günstigeren Kamera zu bleiben und später aufzurüsten.

Und hey, haben Sie keine Angst, um Rat zu fragen! Ob von anderen Fotografen, in Online-Foren oder in Ihrem örtlichen Fotofachgeschäft – es gibt jede Menge Leute, die bereit sind, Ihnen bei der richtigen Entscheidung zu helfen.

Da habt ihr es also, Leute! Die Auswahl der richtigen Kameraausrüstung scheint eine entmutigende Aufgabe zu sein, aber mit ein wenig Recherche und sorgfältiger Überlegung sind Sie auf dem besten Weg, die perfekte Ausrüstung für alle Ihre Fotoabenteuer zusammenzustellen.

Beherrschung des manuellen Modus: Blende, Verschlusszeit, ISO und mehr

Okay, lasst uns in die Tiefe der Fotografie eintauchen und über die Beherrschung des manuellen Modus sprechen. Sicher, es mag auf den ersten Blick einschüchternd wirken, aber glauben Sie mir, sobald Sie den Dreh raus haben, werden Sie sich fragen, warum Sie sich überhaupt auf den automatischen Modus verlassen haben.

Lassen Sie uns zunächst über die Blende sprechen. Betrachten Sie es als das Tor zur Kontrolle der Schärfentiefe. Eine größere Blende (niedrigere Blendenzahl) sorgt für den verträumten, verschwommenen Hintergrund Effekt, perfekt für Porträts und Nahaufnahmen. Andererseits führt eine kleinere Blende (höhere Blendenzahl) zu einer größeren Schärfentiefe, sodass ein größerer Teil Ihrer Szene im Fokus bleibt. Probieren Sie verschiedene Blenden aus, um zu sehen, wie sie sich auf Ihre Fotos auswirken.

Als nächstes widmen wir uns der Verschlusszeit. Hier geht es darum, Bewegungen einzufangen. Eine kurze Verschlusszeit friert Bewegungen ein, was sich gut für Sport- oder Tierfotografie eignet, während eine lange Verschlusszeit Bewegungsunschärfe erzeugt, was sich perfekt für die Aufnahme von fließendem Wasser oder Autolichtern bei Nacht eignet. Denken Sie daran: Je länger der Verschluss geöffnet ist, desto mehr Licht trifft auf Ihren Sensor. Daher müssen Sie möglicherweise Ihre anderen Einstellungen entsprechend anpassen.

Und zum Schluss sprechen wir über ISO. ISO misst die Lichtempfindlichkeit des Sensors Ihrer Kamera. Ein niedriger ISO-Wert (z. B. 100 oder 200) eignet sich am besten für helle, sonnige Tage, während ein höherer ISO-Wert (z. B. 800 oder 1600) für Situationen mit wenig Licht besser ist. Seien Sie jedoch vorsichtig mit diesen hohen ISO-Werten, da diese zu Rauschen in Ihren Fotos führen können.

Jetzt macht es Spaß: alles zusammenzusetzen. Bei der Beherrschung des manuellen Modus geht es darum, für jede Aufnahme die perfekte Balance zwischen Blende, Verschlusszeit und ISO zu finden. Es erfordert vielleicht etwas Übung, aber glauben Sie mir, es lohnt sich, denn es gibt Ihnen ein Maß an Kontrolle und Kreativität.

Oh, und noch etwas: Vergessen Sie nicht den Weißabgleich! Es wirkt vielleicht nicht so auffällig wie die anderen Einstellungen, aber der richtige Weißabgleich kann einen großen Unterschied im Gesamtbild und der Haptik Ihrer Fotos machen.

Da habt ihr es also, Leute! Bei der Beherrschung des manuellen Modus geht es vor allem darum, zu verstehen, wie Blende, Verschlusszeit, ISO und Weißabgleich zusammenarbeiten, um die perfekte Belichtung zu erzielen. Also los, schalten Sie den Automatikmodus aus und beginnen Sie mit dem Experimentieren! Sie werden erstaunt sein, was Sie erreichen können, wenn Sie die Kontrolle über Ihre Kamera übernehmen.

Kompositionstechniken: Drittelregel, Führungslinien, Rahmung

Okay, lasst uns kreativ werden und über Kompositionstechniken sprechen. Die Komposition ist wie die geheime Soße, die aus einem guten Foto ein großartiges machen kann. Und zum Glück gibt es einige bewährte Techniken, die Ihnen dabei helfen können, Ihre Kompositionen auf die nächste Stufe zu heben.

Als Erstes haben wir die Drittelregel. Das hier ist ein Klassiker. Stellen Sie sich vor, Sie teilen Ihren Rahmen mit zwei horizontalen und zwei vertikalen Linien in neun gleiche Teile. Die Drittelregel legt nahe, dass die Platzierung Ihres Motivs entlang dieser Linien oder an den Punkten, an denen sie sich kreuzen, eine optisch ansprechendere Komposition erzeugen kann. Es geht darum, Ihrem Schuss Ausgewogenheit und Interesse zu verleihen.

Lassen Sie uns als Nächstes über Führungslinien sprechen. Leitlinien sind genau das, wonach sie klingen: Linien in Ihrem Foto, die den Blick des Betrachters auf das Hauptmotiv lenken. Diese Linien können alles sein, von Straßen und Wegen bis hin zu Zäunen und Ästen. Durch die Verwendung von Leitlinien können Sie den Blick des Betrachters durch Ihr Foto lenken und ein Gefühl von Tiefe und Bewegung erzeugen.

Lassen Sie uns zum Schluss noch über die Gestaltung sprechen. Beim Einrahmen geht es darum, Elemente innerhalb Ihrer Szene zu verwenden, um Ihr Motiv einzurahmen und die Aufmerksamkeit darauf zu lenken. Dies kann alles sein, von einem natürlichen Rahmen wie einem Torbogen oder einem Fenster bis hin zu einem künstlichen Rahmen wie einer Tür oder einem Bilderrahmen. Indem Sie Ihr Motiv einrahmen, können Sie Ihrem Foto Kontext und visuelles Interesse verleihen und gleichzeitig dazu beitragen, den Fokus des Betrachters zu lenken.

Jetzt kommt der spaßige Teil: die Kombination dieser Techniken, um Kompositionen zu schaffen, die wirklich auffallen. Versuchen Sie, Ihr Motiv mithilfe der Drittelregel außermittig zu platzieren, verwenden Sie dann Führungslinien, um den Blick des Betrachters darauf zu lenken, und rahmen Sie schließlich die gesamte Szene ein, um Tiefe und Kontext zu verleihen. Experimentieren Sie mit verschiedenen Kombinationen und finden Sie heraus, was für Ihre Fotos am besten funktioniert.

Da habt ihr es also, Leute! Kompositionstechniken wie die Drittelregel, Führungslinien und Rahmen sind leistungsstarke Werkzeuge, die Ihnen dabei helfen können, Ihre Fotografie auf die nächste Stufe zu heben. Also los, gehen Sie raus und beginnen Sie mit dem Komponieren dieser Meisterwerke!

Beleuchtung Grundlagen: Natürliches vs. künstliches Licht

Lassen Sie uns etwas Licht auf die Bedeutung der Beleuchtung in der Fotografie werfen. Ganz gleich, ob Sie Porträts, Landschaften oder irgendetwas dazwischen aufnehmen: Wenn Sie wissen, wie man mit verschiedenen Lichtarten umgeht, können Sie bei Ihren Fotos einen großen Unterschied machen.

Lassen Sie uns zunächst über natürliches Licht sprechen. Ach, natürliches Licht, der beste Freund des Fotografen (meistens). Unter natürlichem Licht versteht man jede Lichtquelle, die nicht künstlich ist, etwa die Sonne oder der Mond. Es ist dynamisch, verändert sich ständig und kann einige wirklich atemberaubende Effekte erzeugen. Achten Sie bei Außenaufnahmen auf die Lichtqualität zu verschiedenen Tageszeiten. Der frühe Morgen und der späte Nachmittag, oft als die goldenen Stunden bezeichnet, können ein warmes, sanftes Licht verbreiten, das sich perfekt für Porträts und Landschaften eignet. Die Mittagssonne hingegen kann grell und wenig schmeichelhaft sein, tiefe Schatten werfen und Glanzlichter ausblenden. Bewölkte Tage können für weiches, gleichmäßiges Licht sorgen, das sich hervorragend für Porträts und Makrofotografie eignet. Und vergessen Sie nicht die Dämmerung, diese magische Zeit kurz vor Sonnenaufgang oder nach Sonnenuntergang, wenn der Himmel mit satten, farbenfrohen Farbtönen gefüllt ist.

Lassen Sie uns nun über künstliches Licht sprechen. Künstliches Licht bezieht sich auf jede Lichtquelle, die künstlich ist, wie Lampen, Blitze oder Studioleuchten. Im Gegensatz zu natürlichem Licht ist künstliches Licht gleichmäßig und kontrollierbar und eignet sich daher ideal für Innenaufnahmen oder Situationen, in denen Sie mehr Kontrolle über die Lichtverhältnisse benötigen. Studioleuchten können beispielsweise so eingestellt werden, dass sie je nach gewünschtem Effekt weiches, diffuses Licht oder hartes, dramatisches Licht erzeugen. Und unterschätzen Sie nicht die Leistung einer guten, altmodischen Schreibtischlampe oder Taschenlampe, um interessante Lichteffekte in Ihren Fotos zu erzeugen.

Was ist also besser: natürliches Licht oder künstliches Licht? Nun, das hängt von der Situation ab. Natürliches Licht ist schön und vielseitig, aber es ist auch unvorhersehbar und kann unter bestimmten Bedingungen eine Herausforderung darstellen. Künstliches Licht hingegen ist gleichmäßig und kontrollierbar, kann aber auch zeitaufwändiger sein und zusätzliche Ausrüstung erfordern. Letztendlich ist das beste Licht dasjenige, das Ihnen dabei hilft, das gewünschte Erscheinungsbild Ihrer Fotos zu erzielen. Scheuen Sie sich also nicht, sowohl mit natürlichem als auch mit künstlichem Licht zu experimentieren, um herauszufinden, was für Sie am besten funktioniert.

Da habt ihr es also, Leute! Die Beleuchtung ist ein entscheidendes Element in der Fotografie, unabhängig davon, ob Sie mit natürlichem Licht, künstlichem Licht oder einer Kombination aus beidem arbeiten. Achten Sie also auf das Licht um Sie herum, experimentieren Sie mit verschiedenen Beleuchtungstechniken und haben Sie keine Angst, kreativ zu werden!

Belichtung verstehen: Licht und Schatten ausbalancieren

Okay, lassen Sie uns etwas Licht ins Dunkel der Belichtung bringen – Wortspiel beabsichtigt! Bei der Belichtung geht es darum, die perfekte Balance zwischen Licht und Schatten in Ihren Fotos zu finden. Wenn Sie es richtig machen, werden Ihre Bilder überzeugen. Wenn Sie etwas falsch machen, werden Ihre Fotos vielleicht nicht so, wie Sie es sich erhofft haben.

Lassen Sie uns zunächst über die Grundlagen sprechen. Die Belichtung wird durch drei Hauptfaktoren bestimmt: Blende, Verschlusszeit und ISO. Die Blende steuert die Lichtmenge, die durch Ihr Objektiv fällt, die Verschlusszeit bestimmt, wie lange der Sensor Ihrer Kamera dem Licht ausgesetzt ist, und ISO misst die Lichtempfindlichkeit des Sensors Ihrer Kamera. Um gut belichtete Fotos zu erhalten, ist es wichtig zu verstehen, wie diese drei Elemente zusammenwirken.

Lassen Sie uns nun über das Gleichgewicht von Licht und Schatten sprechen. Das Ziel besteht darin, Details sowohl in den hellsten Lichtern als auch in den dunkelsten Schatten Ihrer Szene einzufangen. Dies kann schwierig sein, insbesondere in kontrastreichen Situationen wie einem sonnigen Tag mit tiefen Schatten, aber mit ein wenig Übung und Know-how können Sie es schaffen.

Eine Technik zum Ausgleich von Licht und Schatten ist die Belichtungskorrektur. Die meisten Kameras verfügen über eine Funktion, mit der Sie die Belichtung manuell anpassen können, um Ihre Fotos heller oder dunkler zu machen. Wenn Ihre Szene zu hell ist und Sie in den Lichtern Details verlieren, kann es hilfreich sein, die Belichtung zu verringern. Wenn Ihre Szene hingegen zu dunkel ist und Sie in den Schatten Details verlieren, können Sie durch Erhöhen der Belichtung mehr Details hervorheben.

Eine weitere Technik ist die HDR-Fotografie (High Dynamic Range). Bei HDR werden mehrere Aufnahmen derselben Szene mit unterschiedlichen Belichtungsstufen gemacht und diese dann in der Nachbearbeitung kombiniert, um ein einziges Bild mit Details sowohl in den Lichtern als auch in den Schatten zu erstellen. Es ist etwas fortgeschrittener und erfordert etwas zusätzliche Software, kann aber ein leistungsstarkes Werkzeug zum Aufnehmen von Szenen mit einem breiten Spektrum an Helligkeitsstufen sein.

Und vergessen wir nicht, natürliches oder künstliches Licht zu Ihrem Vorteil zu nutzen. Manchmal genügt ein gut platzierter Reflektor oder ein strategisch platzierter Blitz, um diese lästigen Schatten auszufüllen und die Belichtung auszugleichen.

Da habt ihr es also, Leute! Beim Ausbalancieren von Licht und Schatten geht es darum, die Belichtung zu verstehen und Techniken wie Belichtungskorrektur, HDR-Fotografie und strategische Beleuchtung zu verwenden, um Details sowohl in den hellsten Lichtern als auch in den dunkelsten Schatten Ihrer Szene einzufangen. Experimentieren Sie also mit verschiedenen Techniken und finden Sie heraus, was für Ihre Fotos am besten funktioniert!

Bewegung einfangen: Tipps für die Actionfotografie

Okay, lasst uns loslegen und über Actionfotografie reden! Ganz gleich, ob Sie Sportler mitten im Wettkampf oder Wildtiere in ihrem natürlichen Lebensraum fotografieren: Wenn Sie die Kunst der Bewegungserfassung beherrschen, können Sie Ihre Fotos auf die nächste Ebene heben.

Lassen Sie uns zunächst über die Verschlusszeit sprechen. Wenn es um Actionfotografie geht, ist eine kurze Verschlusszeit Ihr bester Freund. Damit können Sie Bewegungen einfrieren und diese Sekundenbruchteile klar und präzise festhalten. Für die meisten Actionaufnahmen sollten Sie eine Verschlusszeit von mindestens 1/500 Sekunde oder schneller verwenden. Dadurch wird sichergestellt, dass Ihre Motive auch bei hoher Geschwindigkeit scharf und scharf abgebildet werden.

Lassen Sie uns als Nächstes über die Verfolgung Ihres Motivs sprechen. Dies ist besonders wichtig, wenn Sie sich schnell bewegende Motive wie Autos, Sportler oder Wildtiere fotografieren. Halten Sie den Fokuspunkt Ihrer Kamera auf Ihrem Motiv und schwenken Sie es sanft mit, während es sich bewegt. Dies hilft Ihnen dabei, Ihr Motiv scharf und scharf zu halten und gleichzeitig den Hintergrund unscharf zu machen, wodurch ein Gefühl von Geschwindigkeit und Bewegung in Ihren Fotos entsteht.

Apropos Hintergrund: Achten Sie darauf, was sich hinter Ihrem Motiv verbirgt. Ein unübersichtlicher oder ablenkender Hintergrund kann die Wirkung Ihrer Action Aufnahme beeinträchtigen. Suchen Sie nach sauberen, aufgeräumten Hintergründen, die Ihr Motiv hervorheben und im Mittelpunkt stehen lassen.

Lassen Sie uns nun über Rahmung und Komposition sprechen. Versuchen Sie beim Fotografieren von Action, die Bewegung Ihres

Motivs zu antizipieren und sich entsprechend zu positionieren. Erstellen Sie mit Leitlinien oder der Drittelregel dynamische Kompositionen, die den Blick des Betrachters auf das Geschehen lenken. Und scheuen Sie sich nicht, mit verschiedenen Blickwinkeln und Perspektiven zu experimentieren, um einzigartige und interessante Aufnahmen zu machen.

Und schließlich vergessen Sie nicht das Timing. Timing ist alles in der Actionfotografie. Halten Sie Ihren Finger auf dem Auslöser und seien Sie bereit, den entscheidenden Moment festzuhalten, wenn er sich präsentiert. Manchmal dauert es nur den Bruchteil einer Sekunde, um die perfekte Aufnahme zu machen. Seien Sie also geduldig und bleiben Sie konzentriert.

Da habt ihr es also, Leute! Beim Erfassen von Bewegungen geht es vor allem darum, eine kurze Verschlusszeit zu verwenden, das Motiv zu verfolgen, auf den Hintergrund zu achten, den Bildausschnitt effektiv zu wählen und den richtigen Zeitpunkt für den Auslöser zu wählen. Schnappen Sie sich also Ihre Kamera, machen Sie sich auf den Weg und fangen Sie an, diese actiongeladenen Momente festzuhalten!

Porträtfotografie: Posieren und Kommunikation

Tauchen wir ein in die Welt der Porträtfotografie, wo es darauf ankommt, das Wesentliche Ihres Motivs einzufangen. Posieren und Kommunikation spielen eine entscheidende Rolle bei der Erstellung beeindruckender Porträts, die beim Betrachter wirklich Anklang finden.

Lassen Sie uns zunächst über das Posieren sprechen. Das Posieren entscheidet über den Erfolg oder Misserfolg eines Porträts. Deshalb ist es wichtig, Ihr Motiv in eine schmeichelhafte und natürliche Position zu bringen. Sorgen Sie zunächst dafür, dass sich Ihr Motiv wohl und entspannt fühlt. Ermutigen Sie sie, so zu stehen oder zu sitzen, wie es sich für sie natürlich anfühlt, und vermeiden Sie steife oder unangenehme Posen. Achten Sie auf ihre Körpersprache und ihren Gesichtsausdruck und nehmen Sie bei Bedarf subtile Anpassungen vor, um ihre Haltung und ihr Gesamterscheinungsbild zu verbessern.

Beim Posieren ist weniger oft mehr. Anstatt Ihr Motiv starr darzustellen, konzentrieren Sie sich darauf, seine Persönlichkeit und seinen Charakter einzufangen. Ermutigen Sie sie, mit ihrer Umgebung zu interagieren, sei es durch Bewegung, Ausdruck oder Geste. Offene Momente können oft zu den authentischsten und überzeugendsten Porträts führen. Scheuen Sie sich also nicht, die Persönlichkeit Ihres Motivs durchscheinen zu lassen.

Kommunikation ist ein weiterer entscheidender Aspekt der Porträtfotografie. Der Aufbau einer Beziehung zu Ihrem Motiv ist der Schlüssel zur Schaffung einer entspannten und angenehmen Atmosphäre während des Shootings. Nehmen Sie sich die Zeit, Ihr Thema kennenzulernen, fragen Sie nach seinen Interessen und Leidenschaften und hören Sie sich seine Ideen und Vorlieben an. Durch den Aufbau von Vertrauen und Beziehung fühlt sich Ihr Motiv nicht nur vor der Kamera wohler, sondern ermöglicht auch authentischere und aussagekräftigere Porträts.

Kommunizieren Sie während des Shootings klar und effektiv mit Ihrem Motiv. Bieten Sie bei Bedarf sanfte Anleitung und Anleitung, geben Sie Feedback und Ermutigung, damit sie sich sicher und entspannt fühlen. Seien Sie offen für Zusammenarbeit und Experimente und ermöglichen Sie Ihrem Motiv, sich kreativ auszudrücken und seine eigenen Ideen in das Shooting einzubringen.

Vergessen Sie nicht, die Kommunikationswege auch nach dem Shooting offen zu halten. Teilen Sie Ihre Vision und Ideen mit Ihrem Motiv und bitten Sie es, Feedback zu den endgültigen Bildern zu geben. Der Aufbau einer kooperativen Beziehung zu Ihrem Motiv kann auf lange Sicht zu zufriedenstellenderen und wirkungsvolleren Porträts führen.

Da habt ihr es also, Leute! Bei der Porträtfotografie geht es um mehr als nur das Einfangen eines Abbilds – es geht darum, eine tiefere Verbindung zu Ihrem Motiv herzustellen und Bilder zu schaffen, die seine einzigartige Persönlichkeit und seinen Geist widerspiegeln. Schnappen Sie sich also Ihre Kamera, bauen Sie eine Beziehung zu Ihrem Motiv auf und lassen Sie dessen Essenz in Ihren Porträts durchscheinen.

Landschaftsfotografie: Die perfekte Aufnahme finden

Begeben wir uns auf ein Abenteuer in der Welt der Landschaftsfotografie, bei der es unser oberstes Ziel ist, die Schönheit der Natur einzufangen. Um inmitten weitläufiger Landschaften die perfekte Aufnahme zu finden, sind Geduld, Kreativität und ein scharfes Auge für Details erforderlich.

Erstens ist die Suche nach Standorten von entscheidender Bedeutung. Erkunden Sie verschiedene bekannte und neue Gebiete und entdecken Sie einzigartige Landschaften, die Sie inspirieren. Berücksichtigen Sie bei der Planung Ihres Shootings Faktoren wie Beleuchtung, Wetterbedingungen und Tageszeit. Sonnenaufgang und Sonnenuntergang bieten oft die atemberaubendste Beleuchtung für Landschaftsfotografie, da sie warme, goldene Farbtöne in die Landschaft werfen und dramatische Schatten und Glanzlichter erzeugen.

Wenn Sie Ihren Standort gefunden haben, nehmen Sie sich die Zeit, die Szene zu studieren und mögliche Schwerpunkte zu identifizieren. Suchen Sie nach interessanten Merkmalen wie Felsformationen, Bäumen, Wasserfällen oder gewundenen Pfaden, die als visuelle Anker in Ihrer Komposition dienen können. Berücksichtigen Sie die Vordergrund-, Mittelgrund- und Hintergrundelemente, um Ihren Fotos Tiefe und Dimension zu verleihen.

Die Komposition ist in der Landschaftsfotografie von entscheidender Bedeutung. Experimentieren Sie mit verschiedenen Techniken wie der Drittelregel, Führungslinien und Rahmung, um visuell ansprechende Kompositionen zu erstellen. Achten Sie auf die Ausgewogenheit der Elemente innerhalb des Rahmens und bemühen Sie sich, in Ihren Fotos ein Gefühl von Harmonie und Ausgewogenheit zu erzeugen.

Haben Sie keine Angst, mit Ihren Perspektiven kreativ zu werden. Experimentieren Sie mit verschiedenen Winkeln, Höhen und Aussichtspunkten, um die fesselndste Komposition zu finden. Manchmal kann ein tiefer Abstieg oder ein Aufstieg auf eine höhere Ebene eine Szene völlig verändern und eine neue Perspektive bieten.

Geduld ist eine Tugend in der Landschaftsfotografie. Mutter Natur kooperiert nicht immer. Seien Sie also bereit, auf den perfekten Moment zu warten, um Ihr Foto einzufangen. Bleiben Sie geduldig und aufmerksam und seien Sie bereit, die Gelegenheit zu nutzen, wenn Licht und Bedingungen genau richtig sind.

Vergessen Sie nicht, in den Moment einzutauchen und sich mit der Schönheit der Landschaft zu verbinden. Seien Sie präsent und erleben Sie die beeindruckenden Wunder der Natur in vollen Zügen. Ihre Leidenschaft und Wertschätzung für die Landschaft werden in Ihren Fotos zum Ausdruck kommen und Bilder schaffen, die den Betrachter auf einer tieferen Ebene ansprechen.

Da habt ihr es also, Abenteurer! Bei der Landschaftsfotografie geht es darum, die Schönheit der Natur zu genießen, neue Horizonte zu erkunden und den Zauber der Welt um uns herum einzufangen. Schnappen Sie sich also Ihre Kamera, wagen Sie sich in die freie Natur und lassen Sie die Landschaften Ihre Kreativität inspirieren.

Makrofotografie: Die Details erkunden

Begeben wir uns auf eine Reise in die faszinierende Welt der Makrofotografie, in der selbst kleinste Details außergewöhnlich werden. Makrofotografie ermöglicht es uns, die komplexe Schönheit der Welt um uns herum zu erkunden, Motive aus nächster Nähe einzufangen und atemberaubende Details zu offenbaren, die sonst vielleicht unbemerkt bleiben würden.

Lassen Sie uns zunächst über die Ausrüstung sprechen. Für die Aufnahme scharfer, detaillierter Bilder kleiner Motive ist ein spezielles Makroobjektiv unerlässlich. Diese Objektive sind für die Fokussierung auf kurze Entfernungen konzipiert und bieten eine hohe Vergrößerung, sodass Sie selbst kleinste Details klar und präzise erfassen können. Wenn Sie kein Makroobjektiv haben, können Sie auch Verlängerungsrohre oder Nahfilter verwenden, um mit Ihrem vorhandenen Objektiv makroähnliche Ergebnisse zu erzielen.

Die Beleuchtung ist ein weiterer entscheidender Aspekt der Makrofotografie. Da Sie mit kleinen Motiven und geringen Entfernungen arbeiten, kann es bereits bei geringfügigen Bewegungen zu Bewegungsunschärfe kommen. Um scharfe, klare Bilder zu gewährleisten, verwenden Sie ein Stativ zur Stabilisierung Ihrer Kamera und einen Fernauslöser oder einen Timer, um Kameraverwacklungen zu minimieren. Erwägen Sie die Verwendung einer diffusen oder indirekten Beleuchtung, um harte Schatten abzumildern und die komplizierten Details Ihres Motivs hervorzuheben.

Denken Sie bei der Komposition über den Tellerrand hinaus. Entdecken Sie verschiedene Blickwinkel, Perspektiven und Rahmen Techniken, um visuell ansprechende Bilder zu erstellen. Experimentieren Sie mit geringer Schärfentiefe, um Ihr Motiv zu isolieren und Ihren Fotos ein Gefühl von Tiefe und Dimension zu verleihen. Achten Sie auf Muster, Texturen und Formen in Ihrem Motiv und suchen Sie nach Möglichkeiten, diese Details in Ihrer Komposition hervorzuheben.

Geduld ist der Schlüssel zur Makrofotografie. Kleine Motive können schwer zu fassen und unvorhersehbar sein. Seien Sie also darauf vorbereitet, Zeit mit der Beobachtung zu verbringen und auf den perfekten Moment für die Aufnahme Ihrer Aufnahme zu warten. Nehmen Sie sich Zeit, die Feinheiten Ihres Motivs zu erkunden und experimentieren Sie mit verschiedenen Kompositionen und Perspektiven, bis Sie die perfekte Balance zwischen Form und Detail gefunden haben.

Und vergessen Sie nicht, Spaß zu haben! Die Makrofotografie bietet endlose Möglichkeiten zum Erkunden und Entdecken und ermöglicht es Ihnen, die Welt auf eine ganz neue Art und Weise zu sehen. Nehmen Sie die Herausforderung an, die Schönheit kleiner Motive einzufangen, und lassen Sie Ihrer Kreativität freien Lauf.

Da habt ihr es also, Abenteurer! Makrofotografie lädt uns ein, die Details der Welt um uns herum zu erkunden und verborgene Schönheit in den kleinsten Motiven zu offenbaren. Schnappen Sie sich also Ihre Kamera, wagen Sie sich in den Mikrokosmos und lassen Sie die komplizierten Details Ihre Kreativität inspirieren.

Straßenfotografie: Ethisch im öffentlichen Raum navigieren

Gehen wir auf die Straße und erkunden Sie die lebendige Welt der Straßenfotografie, in der jede Ecke eine Geschichte bereithält, die erzählt werden möchte. Doch bevor wir uns auf das Einfangen echter Momente im öffentlichen Raum konzentrieren, ist es wichtig, die ethischen Implikationen und Verantwortlichkeiten zu bedenken, die mit diesem Genre der Fotografie einhergehen.

Respektieren Sie in erster Linie die Privatsphäre und Würde Ihrer Untertanen. Wenn Sie Menschen im öffentlichen Raum fotografieren, fragen Sie sich immer, ob Ihre Anwesenheit und Ihre Kamera ihnen Unbehagen bereiten oder ihre Privatsphäre beeinträchtigen könnten. Wenn jemand Unbehagen zum Ausdruck bringt oder ausdrücklich darum bittet, nicht fotografiert zu werden, respektieren Sie seine Wünsche und machen Sie weiter. Denken Sie daran, dass Menschen keine Requisiten oder Objekte für Ihre Fotos sind – sie sind Individuen mit ihrem eigenen Leben und ihren eigenen Geschichten.

Achten Sie auf kulturelle Empfindlichkeiten und soziale Normen. Verschiedene Kulturen haben unterschiedliche Einstellungen zur Fotografie, und was in einem Kontext akzeptabel sein mag, kann in einem anderen Kontext beleidigend oder aufdringlich sein. Nehmen Sie sich die Zeit, sich über die kulturellen und sozialen Normen der Gemeinschaften, die Sie fotografieren, zu informieren, und gehen Sie mit Sensibilität und Respekt an Ihre Motive heran.

Berücksichtigen Sie den Kontext, in dem Sie fotografieren. Öffentliche Räume sind Gemeinschaftsräume und jeder hat das Recht, sich in seiner Umgebung sicher und wohl zu fühlen. Achten Sie auf Ihre Umgebung und darauf, welche Auswirkungen Ihre Anwesenheit auf die Menschen um Sie herum haben könnte. Vermeiden Sie es, sensible oder schutzbedürftige Personen ohne deren Zustimmung zu fotografieren, und denken Sie stets an die möglichen Konsequenzen Ihres Handelns.

Seien Sie transparent über Ihre Absichten als Fotograf. Wenn jemand fragt, was Sie tun oder warum Sie ein Foto machen, antworten Sie ehrlich und respektvoll. Der Aufbau von Vertrauen und Beziehung zu Ihren Motiven kann einen großen Beitrag zur Erstellung authentischer und aussagekräftiger Straßenfotografie leisten.

Und schließlich bedenken Sie die ethischen Auswirkungen der Weitergabe Ihrer Fotos. Fragen Sie sich, ob Ihre Fotos die Menschen und Gemeinschaften, die Sie fotografieren, genau widerspiegeln und ob das Teilen dieser Fotos einem legitimen Zweck dient. Denken Sie daran, welche möglichen Auswirkungen Ihre Fotos auf das Leben Ihrer Motive haben könnten, und holen Sie stets die Einwilligung ein, bevor Sie Bilder identifizierbarer Personen teilen.

Zusammenfassend geht es bei der Straßenfotografie um mehr als nur das Einfangen überzeugender Bilder – es geht darum, sich ethisch und verantwortungsvoll im öffentlichen Raum zu bewegen, die Würde und Privatsphäre Ihrer Motive zu respektieren und Ihre Kamera als Werkzeug zum Geschichtenerzählen und zum Verbinden zu nutzen. Gehen Sie also mit Einfühlungsvermögen, Neugier und Respekt auf die Straße und lassen Sie die Geschichten der Stadt vor Ihrer Linse entfalten.

Eventfotografie: Momente mit Anmut einfangen

Betreten wir die dynamische Welt der Eventfotografie, in der jeder Klick auf den Auslöser das Potenzial hat, einen Moment einzufrieren und wertvolle Erinnerungen zu bewahren. Ganz gleich, ob es sich um eine Hochzeit, eine Geburtstagsfeier oder eine Firmenveranstaltung handelt, bei der Eventfotografie geht es darum, das Wesentliche und die Atmosphäre des Anlasses mit Anmut und Finesse einzufangen.

Gehen Sie in erster Linie mit einer positiven und professionellen Einstellung an jede Veranstaltung heran. Als Eventfotograf sind Sie nicht nur Dokumentarfilmer; Sie sind auch ein Geschichtenerzähler und haben die Aufgabe, die Emotionen, Interaktionen und besonderen Momente festzuhalten, die sich während der Veranstaltung abspielen. Seien Sie bereit, sich an unterschiedliche Situationen und Umgebungen anzupassen, und bemühen Sie sich stets darum, auch im Chaos ein ruhiges und gelassenes Auftreten zu bewahren.

Kommunikation ist der Schlüssel in der Eventfotografie. Nehmen Sie sich vor Beginn der Veranstaltung die Zeit, sich mit Ihren Kunden oder Veranstaltern zu treffen, um deren Erwartungen, Vorlieben und alle gewünschten Aufnahmen zu besprechen. Durch die Etablierung klarer Kommunikations- und Verständnislinien wird sichergestellt, dass Sie Fotos liefern können, die ihren Bedürfnissen entsprechen und ihre Erwartungen übertreffen.

Seien Sie während der Veranstaltung proaktiv und engagiert. Nehmen Sie wichtige Momente vorweg und seien Sie bereit, sie sofort festzuhalten. Achten Sie auf offene Interaktionen, echte Emotionen und spontane Momente der Freude oder des Feierns. Scheuen Sie sich nicht, mit Ihren Kompositionen und Perspektiven kreativ zu werden, aber legen Sie immer Wert darauf, das Wesentliche und die Atmosphäre der Veranstaltung in Ihren Fotos festzuhalten.

Respektieren Sie die Grenzen und die Privatsphäre Ihrer Motive. Während es wichtig ist, authentische und ehrliche Momente einzufangen, ist es ebenso wichtig, dies auf eine Weise zu tun, die die Würde und Privatsphäre der Menschen, die Sie fotografieren, respektiert. Vermeiden Sie es, in intime oder persönliche Momente einzudringen, und holen Sie stets die Zustimmung ein, bevor Sie Nahaufnahmen oder unverfälschte Aufnahmen von Personen machen.

Nehmen Sie sich nach der Veranstaltung die Zeit, Ihre Fotos sorgfältig zu kuratieren und zu bearbeiten. Wählen Sie die besten Bilder aus, die die Geschichte der Veranstaltung erzählen und die Emotionen und Höhepunkte des Tages hervorheben. Achten Sie auf Farbkorrektur, Belichtung und Komposition, um sicherzustellen, dass Ihre Fotos von höchster Qualität sind und den Geist der Veranstaltung widerspiegeln.

Zusammenfassend geht es bei der Eventfotografie um mehr als nur das Fotografieren – es geht darum, Momente mit Anmut, Sensibilität und Professionalität einzufangen. Indem Sie jede Veranstaltung mit Einfühlungsvermögen, Kommunikation und Respekt für Ihre Motive angehen, können Sie Fotos erstellen, die nicht nur den Anlass dokumentieren, sondern auch die Erinnerungen und Emotionen bewahren, die ihn zu etwas Besonderem machen.

Architekturfotografie: Design und Details hervorheben

Willkommen in der Welt der Architekturfotografie, in der jedes Gebäude eine Geschichte erzählt und jedes Detail Bände über die Kreativität und Vision seines Designers sagt. Bei der Architekturfotografie geht es darum, die Schönheit, Form und Funktionalität von Gebäuden so einzufangen, dass ihr einzigartiges Design und ihre Details hervorgehoben werden.

Nehmen Sie sich zuallererst die Zeit, die Architektur, die Sie fotografieren, zu studieren und zu verstehen. Achten Sie auf die Linien, Formen und Texturen des Gebäudes sowie auf seine Gesamte Ästhetik und seinen Zweck. Berücksichtigen Sie die Absichten des Architekten und den Kontext, in dem das Gebäude entworfen wurde, und versuchen Sie, diese Elemente in Ihren Fotos festzuhalten.

Die Beleuchtung spielt in der Architekturfotografie eine entscheidende Rolle. Achten Sie bei der Planung Ihres Shootings auf die Richtung und Qualität des Lichts sowie auf die Tageszeit. Weiches, diffuses Licht kann dabei helfen, die Details und Strukturen des Gebäudes hervorzuheben, während grelles, direktes Licht dramatische Schatten und Kontraste erzeugen kann. Experimentieren Sie mit verschiedenen Lichtverhältnissen, um die schmeichelhaftesten und wirkungsvollsten Effekte für Ihre Fotos zu finden.

Die Komposition ist der Schlüssel in der Architekturfotografie. Suchen Sie nach interessanten Blickwinkeln, Perspektiven und Aussichtspunkten, die das Gebäude in seinem besten Licht erscheinen lassen. Erwägen Sie die Verwendung von Führungslinien, Symmetrie und Rahmen Techniken, um dynamische und optisch ansprechende Kompositionen zu erstellen. Achten Sie auf die Ausgewogenheit und Symmetrie der Gebäudeelemente und bemühen Sie sich um

Kompositionen, die sowohl ästhetisch ansprechend als auch intellektuell anregend sind.

Scheuen Sie sich beim Fotografieren architektonischer Details nicht davor, ganz nah dran zu sein. Vergrößern Sie komplizierte Muster, Texturen und Materialien, um den einzigartigen Charakter und die Handwerkskunst des Gebäudes einzufangen. Suchen Sie nach Möglichkeiten, interessante Elemente wie Fenster, Türen, Säulen und Fassaden hervorzuheben, und experimentieren Sie mit verschiedenen Brennweiten und Blenden, um Ihren Fotos Tiefe und Dimension zu verleihen.

Und schließlich vergessen Sie nicht die Nachbearbeitung. Verwenden Sie eine Bearbeitungssoftware, um Ihre Bilder zu optimieren und Farbbalance, Kontrast und Belichtung anzupassen, um die Schönheit und Wirkung der Architektur zu verstärken. Achten Sie auf Details wie Perspektivkorrektur und Linsenverzerrung und streben Sie ein sauberes, poliertes Finish an, das das architektonische Design und die Details hervorhebt.

Zusammenfassend geht es bei der Architekturfotografie um mehr als nur das Fotografieren von Gebäuden – es geht darum, das Wesen und den Geist der Architektur auf eine Weise einzufangen, die ihre Schönheit, Form und Funktionalität hervorhebt. Indem Sie auf Beleuchtung, Komposition und Details achten und sich jedem Gebäude mit Neugier, Kreativität und Respekt nähern, können Sie Fotos erstellen, die nicht nur die Architektur dokumentieren, sondern auch ihren einzigartigen Charakter und ihre Bedeutung hervorheben.

Reisefotografie: Dokumentieren Sie Ihre Abenteuer

Willkommen in der aufregenden Welt der Reisefotografie, in der jedes Reiseziel eine neue Gelegenheit bietet, die Schönheit, Kultur und den Geist der von Ihnen besuchten Orte einzufangen. Egal, ob Sie exotische Landschaften erkunden, in pulsierende Städte eintauchen oder neue Kulturen kennenlernen, mit der Reisefotografie können Sie Ihre Abenteuer dokumentieren und Ihre Erfahrungen mit der Welt teilen.

Tauchen Sie zuallererst in den Moment ein und genießen Sie den Geist des Abenteuers. Bei der Reisefotografie geht es nicht nur darum, Bilder zu machen – es geht darum, Geschichten zu erzählen und die Essenz Ihrer Reise festzuhalten. Seien Sie neugierig, aufgeschlossen und bereit, neue Orte und Kulturen mit einem Sinn für Staunen und Aufregung zu erkunden.

Nehmen Sie sich bei der Planung Ihrer Reisefotografie-Abenteuer die Zeit, Ihre Reiseziele zu recherchieren und die wichtigsten Sehenswürdigkeiten zu identifizieren. Denken Sie an die berühmten Wahrzeichen, Naturwunder und kulturellen Attraktionen, die Sie fotografieren möchten, aber auch an die verborgenen Schätze und abgelegenen Orte, die einzigartige Möglichkeiten zum Erkunden und Entdecken bieten.

Die Beleuchtung ist in der Reisefotografie von entscheidender Bedeutung. Achten Sie bei der Planung Ihrer Shootings auf die Qualität und Richtung des Lichts sowie auf die Tageszeit. Der frühe Morgen und der späte Nachmittag werden oft als die goldenen Stunden bezeichnet, da sie weiches, warmes Licht bieten, das sich ideal zum Fotografieren eignet. Scheuen Sie sich jedoch nicht, mit unterschiedlichen Lichtverhältnissen und Aufnahmetechniken zu experimentieren, um die Stimmung und Atmosphäre jedes Ortes einzufangen.

Bei der Reisefotografie kommt es auf die Komposition an. Suchen Sie nach interessanten Blickwinkeln, Perspektiven und Aussichtspunkten, die die Schönheit und Einzigartigkeit Ihrer Umgebung hervorheben. Verwenden Sie Führungslinien, Symmetrie und Rahmen Techniken, um visuell überzeugende Kompositionen zu erstellen, die den Blick des Betrachters auf die Szene lenken.

Vergessen Sie nicht, die kleinen Momente und Details festzuhalten, die jedes Reiseziel zu etwas Besonderem machen. Ob es sich um einen örtlichen Straßenmarkt, ein farbenfrohes Straßengemälde oder eine traditionelle kulturelle Zeremonie handelt, diese kleinen Momente können oft die fesselndsten Geschichten erzählen und in Ihren Fotos die stärksten Emotionen hervorrufen.

Schließlich haben Sie keine Angst vor Experimenten und haben Spaß an Ihrer Fotografie. Bei der Reisefotografie geht es darum, das Unerwartete anzunehmen und den Moment zu nutzen. Scheuen Sie sich also nicht, Ihre Komfortzone zu verlassen und neue Dinge auszuprobieren. Vertrauen Sie Ihrem Instinkt, folgen Sie Ihrer Leidenschaft und lassen Sie sich von Ihrer Kreativität leiten, während Sie Ihre Abenteuer dokumentieren und Ihre Geschichten mit der Welt teilen.

Zusammenfassend geht es bei der Reisefotografie um mehr als nur das Fotografieren – es geht darum, die Magie Ihrer Abenteuer einzufangen und Ihre Erfahrungen mit anderen zu teilen. Indem Sie in den Moment eintauchen, den Geist des Abenteuers annehmen und jedes Ziel mit Neugier, Kreativität und Respekt angehen, können Sie Fotos erstellen, die nicht nur Ihre Reisen dokumentieren, sondern auch andere dazu inspirieren, die Welt um sie herum zu erkunden.

Tierfotografie: Respektvolle Beobachtung und Sicherheit

Willkommen in der aufregenden Welt der Tierfotografie, in der jede Begegnung mit der Natur eine Chance ist, die Schönheit und Majestät des Tierreichs einzufangen. Aber mit großen Chancen geht auch große Verantwortung einher, insbesondere wenn es darum geht, die Tierwelt zu respektieren und die eigene Sicherheit zu gewährleisten.

Legen Sie in erster Linie Wert auf das Wohlergehen und die Sicherheit der Tiere, die Sie fotografieren. Denken Sie daran, dass Sie ein Gast in ihrem natürlichen Lebensraum sind und dass Ihre Anwesenheit ihnen keinen übermäßigen Stress oder Schaden bereiten sollte. Halten Sie einen Sicherheitsabstand zu wilden Tieren ein und vermeiden Sie es, sie in irgendeiner Weise zu stören oder zu provozieren. Verwenden Sie ein Teleobjektiv, um Nahaufnahmen aus der Ferne zu machen, ohne in den Raum einzudringen.

Seien Sie geduldig und aufmerksam. Die Tierfotografie erfordert Zeit und Geduld sowie einen scharfen Blick für Details und Verhalten. Nehmen Sie sich die Zeit, Ihre Probanden aus der Ferne zu beobachten und ihre Gewohnheiten und Routinen kennenzulernen. Suchen Sie nach Möglichkeiten, natürliche Verhaltensweisen und Interaktionen einzufangen, anstatt zu versuchen, die Szene zu inszenieren oder zu manipulieren.

Respektieren Sie Schutzgebiete und Wildtier Vorschriften. Viele natürliche Lebensräume sind gesetzlich geschützt und die Störung oder Schädigung der Tierwelt in diesen Gebieten kann schwerwiegende Folgen haben. Machen Sie sich mit den örtlichen Vorschriften und Richtlinien für die Tierfotografie vertraut und befolgen Sie diese stets genau.

Üben Sie ethische Fototechniken. Vermeiden Sie den Einsatz von Ködern, Rufen oder anderen Methoden, um Wildtiere für ein Foto anzulocken oder zu manipulieren. Respektieren Sie die von Tierschutzorganisationen festgelegten Grenzen und Beschränkungen sowie die Richtlinien für ethische Fotografie. Denken Sie daran, dass das Wohlergehen der Tiere immer an erster Stelle stehen sollte.

Schützen Sie sich jederzeit. Das Fotografieren von Wildtieren kann aufregend sein, kann aber auch gefährlich sein, wenn nicht die richtigen Vorsichtsmaßnahmen getroffen werden. Achten Sie auf Ihre Umgebung und mögliche Gefahren wie steiles Gelände, unvorhersehbares Wetter oder aggressive Tiere. Halten Sie immer einen Sicherheitsabstand zu Wildtieren ein und nähern Sie sich ihnen niemals und versuchen Sie niemals, sie zu berühren.

Zusammenfassend lässt sich sagen, dass die Tierfotografie eine spannende und lohnende Beschäftigung ist, die aber auch große Verantwortung mit sich bringt. Indem Sie die Tierwelt respektieren, ethische Fototechniken anwenden und der Sicherheit jederzeit Priorität einräumen, können Sie atemberaubende Bilder aufnehmen und gleichzeitig das Wohlergehen der Tiere und Ihres eigenen Wohlbefindens gewährleisten. Schnappen Sie sich also Ihre Kamera, wagen Sie sich in die Wildnis und lassen Sie sich von der Schönheit der Natur bei Ihrer Fotografie inspirieren.

Bearbeitungsgrundlagen: Verbessern Sie Ihre Fotos

Willkommen in der Welt der Fotobearbeitung, in der Sie Ihre Fotos mit nur wenigen Optimierungen und Anpassungen von gut zu großartig machen können. Ganz gleich, ob Sie Anfänger oder erfahrener Profi sind: Wenn Sie die Grundlagen der Fotobearbeitung beherrschen, können Sie Ihre Fotos verbessern und ihr volles Potenzial entfalten.

Das Wichtigste zuerst: Wählen Sie die richtige Bearbeitungssoftware für Ihre Bedürfnisse. Es gibt viele Möglichkeiten, von einfachen Smartphone-Apps bis hin zu leistungsstarken Desktop-Programmen. Experimentieren Sie mit unterschiedlicher Software, bis Sie eine gefunden haben, die zu Ihrem Arbeitsablauf passt und die Funktionen bietet, die Sie benötigen, um die gewünschten Ergebnisse zu erzielen.

Nachdem Sie sich für Ihre Bearbeitungssoftware entschieden haben, machen Sie sich mit deren grundlegenden Werkzeugen und Funktionen vertraut. Die meisten Bearbeitungsprogramme bieten Tools zum Anpassen von Belichtung, Kontrast, Farbbalance und Schärfe sowie erweiterte Funktionen wie selektive Bearbeitung und Retusche. Nehmen Sie sich die Zeit, diese Tools zu erkunden und mit verschiedenen Anpassungen zu experimentieren, um zu sehen, wie sie sich auf Ihre Fotos auswirken.

Bei der Bearbeitung ist weniger oft mehr. Widerstehen Sie der Versuchung, es mit Filtern und Effekten zu übertreiben, und konzentrieren Sie sich stattdessen auf subtile, natürlich wirkende Anpassungen, die das Gesamtbild und die Atmosphäre Ihrer Fotos verbessern. Achten Sie auf Details wie Belichtung, Farbbalance und Komposition und bemühen Sie sich um ein ausgewogenes und harmonisches Bild.

Nehmen Sie zunächst globale Anpassungen an Ihrem gesamten Bild vor, z. B. durch Anpassen von Belichtung und Kontrast, um Details in den Schatten und Lichtern hervorzuheben. Fahren Sie dann mit gezielteren Anpassungen fort, z. b. der Anpassung einzelner Farben oder Töne, um eine bestimmte Stimmung oder Atmosphäre zu erzeugen.

Scheuen Sie sich nicht, zu experimentieren und neue Dinge auszuprobieren. Das Bearbeiten ist ein kreativer Prozess und es gibt nicht den einen, richtigen Weg, dies zu tun. Vertrauen Sie Ihrem Instinkt und lassen Sie sich von Ihrer Kreativität leiten, während Sie verschiedene Techniken und Effekte erkunden.

Und vergessen Sie nicht, Ihre Änderungen als neue Datei zu speichern oder eine Sicherungskopie Ihres Originalfotos zu erstellen, bevor Sie mit der Bearbeitung beginnen. Auf diese Weise können Sie jederzeit zum Original zurückkehren, wenn Sie mit den Ergebnissen nicht zufrieden sind oder einen anderen Ansatz ausprobieren möchten.

Zusammenfassend lässt sich sagen, dass die Fotobearbeitung ein leistungsstarkes Werkzeug ist, um Ihre Fotos zu verbessern und ihr volles Potenzial auszuschöpfen. Indem Sie die Grundlagen der Bearbeitungssoftware beherrschen, mit verschiedenen Anpassungen und Effekten experimentieren und Ihrem kreativen Instinkt vertrauen, können Sie Ihre Fotos auf die nächste Stufe heben und atemberaubende Bilder erstellen, die wirklich herausstechen. Schnappen Sie sich also Ihre Kamera, beginnen Sie mit der Aufnahme und lassen Sie Ihrer Kreativität bei Ihren Bearbeitungen freien Lauf.

Einführung in Fotobearbeitungssoftware

Willkommen in der Welt der Fotobearbeitung Software, in der Sie Ihre Fotos umwandeln und Ihrer Kreativität freien Lauf lassen können. Egal, ob Sie ein Anfänger sind, der Ihre Schnappschüsse verbessern möchte, oder ein erfahrener Profi, der nach Perfektion strebt, Fotobearbeitungssoftware bietet eine breite Palette an Werkzeugen und Funktionen, die Ihnen dabei helfen, Ihre Vision zu verwirklichen.

Fotobearbeitungssoftware gibt es in vielen Formen und Größen, von einfachen mobilen Apps bis hin zu anspruchsvollen Desktop-Programmen. Zu den beliebten Optionen gehören unter anderem Adobe Photoshop, Adobe Lightroom, Capture One, GIMP und Affinity Photo. Jede Software verfügt über ihre eigenen einzigartigen Funktionen und Fähigkeiten. Daher ist es wichtig, eine zu wählen, die Ihren Anforderungen und Vorlieben entspricht.

Im Kern ermöglicht Ihnen eine Fotobearbeitungssoftware, eine Vielzahl von Anpassungen an Ihren Fotos vorzunehmen, darunter Belichtung, Farbbalance, Kontrast, Schärfe und mehr. Sie können Ihre Bilder auch zuschneiden und begradigen, unerwünschte Objekte oder Fehler entfernen und kreative Effekte und Filter anwenden, um das Gesamtbild Ihrer Fotos zu verbessern.

Einer der Hauptvorteile von Fotobearbeitung Software ist ihr zerstörungsfreier Bearbeitungs Workflow. Das bedeutet, dass Ihr Originalfoto unberührt bleibt und alle Änderungen auf eine separate Ebene oder Datei angewendet werden, sodass Sie jederzeit zum Original zurückkehren können. Dies gibt Ihnen die Freiheit, zu experimentieren und neue Dinge auszuprobieren, ohne befürchten zu müssen, dass Ihr Originalbild ruiniert wird.

Die meisten Fotobearbeitungsprogramme bieten außerdem leistungsstarke Organisations- und Workflow-Management-Tools, mit denen Sie Ihre Fotos problemlos importieren, organisieren und kategorisieren können. Sie können benutzerdefinierte Ordner und

Alben erstellen, Schlüsselwörter und Metadaten zu Ihren Bildern hinzufügen und sogar mehrere Fotos gleichzeitig stapelweise verarbeiten, um Zeit zu sparen und Ihren Arbeitsablauf zu optimieren.

Egal, ob Sie Hobbyfotograf oder Profi sind, die Beherrschung von Bildbearbeitungssoftware ist eine grundlegende Fähigkeit, die Ihre Fotos auf die nächste Stufe heben kann. Indem Sie sich mit den Werkzeugen und Funktionen der von Ihnen gewählten Software vertraut machen, mit verschiedenen Techniken und Effekten experimentieren und Ihrem kreativen Instinkt vertrauen, können Sie das volle Potenzial Ihrer Fotos freisetzen und atemberaubende Bilder erstellen, die wirklich hervorstechen.

Egal, ob Sie die Bearbeitung am Computer oder unterwegs mit Ihrem Smartphone vornehmen, tauchen Sie noch heute in die Welt der Fotobearbeitungssoftware ein und lassen Sie Ihrer Kreativität freien Lauf!

Farbkorrektur und Weißabgleich verstehen

Okay, lassen Sie uns über Farbkorrektur und Weißabgleich sprechen – zwei wesentliche Aspekte der Fotobearbeitung, die einen großen Unterschied im Erscheinungsbild Ihrer Fotos machen können. Grundsätzlich handelt es sich bei der Farbkorrektur um eine Feinabstimmung der Farben in Ihrem Bild, damit diese so natürlich und naturgetreu wie möglich aussehen. Und Weißabgleich? Dabei geht es darum, sicherzustellen, dass die Weißtöne in Ihrem Foto tatsächlich weiß aussehen, unabhängig von den Lichtverhältnissen, bei denen Sie fotografiert haben.

Warum ist Farbkorrektur wichtig? Haben Sie schon einmal ein Foto gemacht und festgestellt, dass die Farben einfach ein wenig abweichen? Vielleicht sind die Grüntöne zu gesättigt oder die Blautöne sehen zu kühl aus. Hier kommt die Farbkorrektur ins Spiel. Durch die Anpassung der verschiedenen Farbstufen in Ihrem Bild können Sie ein ausgewogeneres und optisch ansprechenderes Ergebnis erzielen.

Lassen Sie uns nun über den Weißabgleich sprechen. Haben Sie schon einmal ein Foto drinnen gemacht und bemerkt, dass alles irgendwie orange aussieht? Oder vielleicht haben Sie an einem bewölkten Tag draußen ein Foto gemacht und alles sieht etwas zu blau aus. Denn unterschiedliche Lichtverhältnisse können die Farbtemperatur Ihrer Fotos beeinflussen. Mit dem Weißabgleich können Sie die Farbtemperatur Ihres Bildes anpassen, um sicherzustellen, dass Weiß unabhängig von den Lichtverhältnissen weiß erscheint.

Die meisten Fotobearbeitungsprogramme bieten Tools und Voreinstellungen für die Farbkorrektur und den Weißabgleich, sodass Sie die Farben und Töne Ihrer Bilder ganz einfach mit nur wenigen Klicks anpassen können. Experimentieren Sie mit verschiedenen Einstellungen und Anpassungen, bis Sie die richtige Balance für Ihr Foto gefunden haben.

Und denken Sie daran, dass es keinen einheitlichen Ansatz für Farbkorrektur und Weißabgleich gibt. Es geht darum, die richtige Balance zu finden, die zu Ihrem Foto passt und dessen Gesamteindruck verbessert. Scheuen Sie sich also nicht vor Experimenten und vertrauen Sie Ihrem kreativen Instinkt. Mit ein wenig Übung werden Sie im Handumdrehen ein Experte für Farbkorrektur und Weißabgleich sein!

Retuschiertechniken: Porträts verbessern

Okay, tauchen wir ein in die Welt der Retusche, wo wir Porträts von großartigen in atemberaubende verwandeln können! Bei der Retusche geht es darum, die natürliche Schönheit Ihrer Motive hervorzuheben und gleichzeitig dafür zu sorgen, dass alles authentisch und naturgetreu aussieht. Ganz gleich, ob Sie Hautunreinheiten entfernen, die Haut glätten oder Farben und Töne anpassen – mit der Retusche können Sie Porträts erstellen, die wirklich glänzen.

Lassen Sie uns zunächst über die Hautretusche sprechen. Schönheitsfehler, Falten und Unvollkommenheiten sind ein natürlicher Teil des Lebens, aber das bedeutet nicht, dass sie im Mittelpunkt Ihrer Porträts stehen müssen. Verwenden Sie Heilwerkzeuge und Pinsel, um störende Schönheitsfehler oder Flecken vorsichtig zu entfernen. Achten Sie dabei darauf, es nicht zu übertreiben und Ihr Motiv wie eine Porzellanpuppe aussehen zu lassen.

Als nächstes glätten wir die Haut. Nun, hier kann es etwas knifflig werden. Sie möchten den Hautton und die Hautstruktur ausgleichen, ohne die natürlichen Konturen und Gesichtszüge Ihres Motivs völlig zu verdecken. Verwenden Sie Werkzeuge wie den Klonstempel oder die Frequenztrennung, um Bereiche mit ungleichmäßiger Textur zu verschmelzen und abzumildern, und achten Sie dabei darauf, ein natürliches Erscheinungsbild beizubehalten.

Auch Farb- und Ton Anpassungen können dazu beitragen, Ihre Porträts aufzuwerten. Verwenden Sie Anpassungsebenen und -kurven, um die Farben und Töne Ihres Bildes zu optimieren und sicherzustellen, dass die Haut Ihres Motivs gesund und lebendig aussieht, ohne übermäßig gesättigt oder unnatürlich zu wirken. Achten Sie auf Details wie Schatten und Lichter und nehmen Sie subtile Anpassungen vor, um die Merkmale Ihres Motivs optimal zur Geltung zu bringen.

Und vergessen Sie nicht die Augen! Die Augen sind, wie man sagt, die Fenster zur Seele. Stellen Sie daher sicher, dass sie in Ihren Porträts funkeln und voller Leben sind. Verwenden Sie Ausweich- und Nachbrennwerkzeuge, um die Augen aufzuhellen und hervorzuheben und dem Blick Ihres Motivs Tiefe und Dimension zu verleihen.

Bedenken Sie abschließend, dass bei der Retusche oft weniger mehr ist. Ziel ist es, die natürliche Schönheit Ihres Motivs hervorzuheben und nicht dessen Aussehen völlig zu verändern. Seien Sie bei Ihren Retuschetechniken subtil und zurückhaltend und behalten Sie stets die Integrität und Authentizität Ihres Motivs im Auge.

Zusammenfassend lässt sich sagen, dass die Retusche ein leistungsstarkes Werkzeug ist, um Porträts aufzuwerten und das Beste aus Ihren Motiven herauszuholen. Durch den Einsatz einer Kombination aus Heilmitteln, Hautglättung Techniken, Farb- und Ton Anpassungen und sorgfältiger Liebe zum Detail können Sie Porträts erstellen, die wirklich glänzen. Schnappen Sie sich also Ihre Kamera, fangen Sie an zu fotografieren und lassen Sie Ihrer Kreativität freien Lauf, während Sie mit der Retusche atemberaubende Porträts erstellen!

Erstellen Sie atemberaubende Schwarz-Weiß-Fotografien

Lassen Sie uns die faszinierende Welt der Schwarz-Weiß-Fotografie erkunden, in der Grautöne Emotionen, Dramatik und zeitlose Eleganz hervorrufen können. Egal, ob Sie Landschaften, Porträts oder Straßenszenen aufnehmen, die Schwarzweißfotografie bietet eine einzigartige Gelegenheit, beeindruckende Bilder zu schaffen, die die Zeit überdauern.

Lassen Sie uns zunächst über die Kraft des Kontrasts sprechen. In der Schwarz-Weiß-Fotografie ist der Kontrast der Schlüssel zum Erzeugen von Tiefe und Dramatik in Ihren Bildern. Suchen Sie nach Szenen mit starkem Licht und Schatten sowie interessanten Texturen und Mustern, die in Schwarz und Weiß gut zur Geltung kommen. Experimentieren Sie mit verschiedenen Lichtverhältnissen und Belichtungseinstellungen, um den Kontrast Ihrer Fotos zu maximieren.

Die Komposition ist ein weiterer entscheidender Aspekt der Schwarz-Weiß-Fotografie. Ohne die Ablenkung durch Farbe stehen die Elemente der Komposition – wie Linie, Form und Form – im Mittelpunkt. Suchen Sie nach starken Linien und Formen, die den Blick des Betrachters durch das Bild leiten, und experimentieren Sie mit verschiedenen Winkeln und Perspektiven, um dynamische Kompositionen zu schaffen.

Achten Sie auf den Tonwertumfang Ihrer Fotos. Bei der Schwarzweißfotografie geht es darum, ein breites Spektrum an Farbtönen einzufangen, von tiefem Schwarz bis hin zu hellem Weiß und allem dazwischen. Verwenden Sie eine Bearbeitungssoftware, um die Tonbalance Ihrer Bilder zu optimieren und dabei sicherzustellen, dass die Details sowohl in den Lichtern als auch in den Schatten erhalten bleiben.

Scheuen Sie sich nicht, mit Filtern und Effekten zu experimentieren, um die Stimmung und Atmosphäre Ihrer Schwarzweißfotos zu verbessern. Ein Rotfilter kann beispielsweise die Schatten vertiefen und Ihren Bildern Dramatik verleihen, während ein Blaufilter einen kühleren, ätherischeren Look erzeugen kann. Probieren Sie verschiedene Effekte aus, bis Sie den perfekten Effekt für Ihr Foto gefunden haben.

Und schließlich: üben, üben, üben! Wie jede Form der Fotografie erfordert auch die Erstellung beeindruckender Schwarzweißbilder Zeit und Hingabe. Nehmen Sie sich die Zeit, die Arbeit von Meister-Schwarzweißfotografen zu studieren, und üben Sie Ihre Fähigkeiten, wann immer Sie können. Mit Geduld und Ausdauer können Sie atemberaubende Schwarzweißbilder aufnehmen, die einen bleibenden Eindruck hinterlassen.

Zusammenfassend lässt sich sagen, dass die Schwarz-Weiß-Fotografie eine einzigartige Möglichkeit bietet, zeitlose, eindrucksvolle Bilder zu schaffen, die sich von der Masse abheben. Indem Sie die Prinzipien des Kontrasts, der Komposition, des Tonumfangs und des Experimentierens beherrschen, können Sie atemberaubende Schwarzweißfotos erstellen, die die Schönheit und das Wesen der Welt um Sie herum einfangen. Schnappen Sie sich also Ihre Kamera, genießen Sie die Monochrom Palette und lassen Sie Ihrer Kreativität freien Lauf, während Sie die faszinierende Welt der Schwarz-Weiß-Fotografie erkunden!

Drucken und Anzeigen Ihrer Fotos

Nachdem Sie Ihre atemberaubenden Fotos aufgenommen und bearbeitet haben, ist es an der Zeit, sie in der physischen Welt zum Leben zu erwecken. Ganz gleich, ob Sie Ihre Fotos ausdrucken, um sie an die Wand zu hängen, ein Fotoalbum erstellen oder sie in einer Galerie ausstellen, es gibt ein paar Dinge, die Sie beachten müssen, um sicherzustellen, dass Ihre Fotos optimal aussehen.

Das Wichtigste zuerst: Wählen Sie die richtige Druckmethode und das richtige Papier. Es stehen unzählige Optionen zur Verfügung, von traditionellen Drucken auf glänzendem oder mattem Papier bis hin zu moderneren Optionen wie Metall Drucken oder Leinwand Folien. Berücksichtigen Sie bei der Auswahl der richtigen Druckmethode und Papiersorte den Stil und die Ästhetik Ihrer Fotos sowie den Ort, an dem sie angezeigt werden.

Beim Drucken ist die Auflösung entscheidend. Stellen Sie sicher, dass Ihre Fotos eine hohe Auflösung und die richtige Größe für die gewünschte Druckgröße haben. Dadurch wird sichergestellt, dass Ihre Ausdrucke gestochen scharf, klar und frei von Pixeln oder Verzerrungen sind. Wenn Sie sich über die Auflösung Ihrer Fotos nicht sicher sind, wenden Sie sich an Ihren Druckdienstleister oder lesen Sie dessen Richtlinien für eine optimale Druckqualität.

Berücksichtigen Sie die Rahmen- und Mattierung Optionen für Ihre Drucke. Ein gut ausgewählter Rahmen und Passepartout können das Gesamtbild und die Haptik Ihrer Fotos verbessern und deren Stil und Ästhetik ergänzen. Experimentieren Sie mit verschiedenen Rahmenoptionen, um die perfekte Kombination zu finden, die Ihre Fotos hervorhebt und Ihrem Display einen Hauch von Eleganz verleiht.

Wenn Sie ein Fotoalbum oder Buch erstellen, achten Sie auf Layout und Design. Organisieren Sie Ihre Fotos so, dass sie eine Geschichte erzählen oder ein Thema hervorheben, und fügen Sie Bildunterschriften oder Anmerkungen hinzu, um Kontext bereitzustellen und das

Verständnis des Betrachters für Ihre Arbeit zu verbessern. Nehmen Sie sich die Zeit, ein Layout zu entwerfen, das reibungslos funktioniert und Ihre Fotos im bestmöglichen Licht präsentiert.

Und vergessen Sie nicht, Ihre Drucke vor Beschädigung und Verfall zu schützen. Verwenden Sie Materialien in Archivqualität und UV-schützendes Glas oder Acryl, um Ihre Drucke vor Ausbleichen, Verfärbungen und Umweltschäden zu schützen. Die richtigen Rahmen- und Präsentationstechniken können dazu beitragen, dass Ihre Drucke auch in den kommenden Jahren lebendig und schön bleiben.

Zusammenfassend lässt sich sagen, dass das Drucken und Anzeigen Ihrer Fotos ein wichtiger Schritt im kreativen Prozess ist, der es Ihnen ermöglicht, Ihre Arbeit mit der Welt zu teilen und sie in Ihrem eigenen Raum zu genießen. Indem Sie die richtige Druckmethode und das richtige Papier auswählen, auf Auflösung und Rahmenoptionen achten und Maßnahmen zum Schutz Ihrer Ausdrucke ergreifen, können Sie atemberaubende Displays erstellen, die Ihre Fotos in ihrer ganzen Pracht präsentieren. Also los, drucken Sie Ihre Fotos aus, zeigen Sie sie stolz und lassen Sie Ihrer Kreativität freien Lauf!

Erstellen Sie Ihr Foto Portfolio

Okay, lassen Sie uns über den Aufbau eines erstklassigen Foto Portfolios sprechen, das Ihr Talent, Ihren Stil und Ihre Vision zur Geltung bringt. Egal, ob Sie gerade erst anfangen oder Ihre Karriere als Fotograf auf die nächste Stufe heben möchten: Ein starkes Portfolio ist unerlässlich, um Kunden zu gewinnen, Auftritte zu sichern und Ihre Arbeit der Welt zu präsentieren.

Das Wichtigste zuerst: Kuratieren Sie Ihre beste Arbeit. Ihr Portfolio spiegelt Ihre Fähigkeiten und Ihre Kreativität wider. Wählen Sie Ihre Fotos daher mit Bedacht aus. Wählen Sie eine vielfältige Auswahl an Bildern aus, die Ihre Vielseitigkeit als Fotograf unter Beweis stellen und gleichzeitig einen einheitlichen Stil und eine einheitliche Ästhetik bewahren. Achten Sie auf Qualität statt auf Quantität und gehen Sie bei Ihrem Auswahlprozess rücksichtslos vor – fügen Sie nur Bilder hinzu, die wirklich Ihre beste Arbeit repräsentieren und Ihre einzigartige Vision präsentieren.

Berücksichtigen Sie die Struktur und Organisation Ihres Portfolios. Denken Sie über die Geschichte nach, die Sie mit Ihrer Arbeit erzählen möchten, und organisieren Sie Ihre Fotos so, dass sie reibungslos fließen und den Betrachter fesseln. Sie können Ihr Portfolio nach Thema, Genre oder Stil organisieren oder Ihre Fotos in chronologischer Reihenfolge anordnen, um Ihr Wachstum und Ihre Entwicklung als Fotograf zu zeigen. Für welchen Ansatz Sie sich auch entscheiden, stellen Sie sicher, dass Ihr Portfolio einfach zu navigieren und optisch ansprechend ist.

Die Präsentation ist der Schlüssel, wenn es um Ihr Portfolio geht. Investieren Sie in ein hochwertiges Portfolio-Buch oder erstellen Sie ein elegantes Online-Portfolio, das Ihre Arbeit im besten Licht präsentiert. Achten Sie auf Details wie Layout, Design und Typografie und stellen Sie sicher, dass Ihr Portfolio ausgefeilt und professionell aussieht. Denken Sie daran, dass Ihr Portfolio oft der erste Eindruck ist, den Sie bei potenziellen Kunden oder Mitarbeitern hinterlassen, also sorgen Sie dafür, dass es zählt!

Scheuen Sie sich nicht, Ihr Portfolio regelmäßig zu aktualisieren und aufzufrischen. Während Sie als Fotograf wachsen und sich weiterentwickeln, sollte Ihr Portfolio Ihren Fortschritt widerspiegeln und Ihren aktuellen Stil und Ihre Ästhetik widerspiegeln. Halten Sie Ihr Portfolio dynamisch und aktuell, indem Sie regelmäßig neue Arbeiten hinzufügen und ältere Bilder entfernen, die nicht mehr Ihre beste Arbeit darstellen.

Und vergessen Sie nicht, Ihr Portfolio zu bewerben und es mit der Welt zu teilen. Nutzen Sie soziale Medien, Ihre Website und Networking-Events, um Ihre Arbeit zu präsentieren und mit potenziellen Kunden und Mitarbeitern in Kontakt zu treten. Suchen Sie proaktiv nach Möglichkeiten, Ihr Portfolio zu teilen und Ihre Arbeit möglichst vielen Menschen zugänglich zu machen.

Zusammenfassend geht es beim Aufbau eines Fotoportfolios darum, Ihre besten Arbeiten zu kuratieren, sie effektiv zu organisieren und sie auf eine Weise zu präsentieren, die Ihr Talent und Ihre Vision zur Geltung bringt. Indem Sie Ihre besten Bilder auswählen, sie sorgfältig organisieren und professionell präsentieren, können Sie ein Portfolio erstellen, das sich von der Masse abhebt und Ihnen hilft, Ihre fotografischen Ziele zu erreichen. Also gehen Sie raus, fangen Sie an zu fotografieren und stellen Sie das Portfolio Ihrer Träume zusammen!

Urheberrecht und geistiges Eigentum: Schutz Ihrer Arbeit

Okay, lassen Sie uns über den Schutz Ihrer kreativen Arbeit vor unbefugter Nutzung und Verstößen sprechen. Als Fotograf sind Ihre Bilder Ihr Lebensunterhalt. Daher ist es wichtig, Ihre Rechte zu kennen und Maßnahmen zu ergreifen, um sie vor Missbrauch zu schützen.

Lassen Sie uns zunächst über das Urheberrecht sprechen. Das Urheberrecht ist ein gesetzliches Recht, das Ihnen die ausschließliche Kontrolle über die Nutzung und Verbreitung Ihrer kreativen Arbeit einräumt. Als Ersteller Ihrer Fotos besitzen Sie automatisch das Urheberrecht an diesen, sobald diese erstellt wurden. Dies bedeutet, dass Sie das ausschließliche Recht haben, Ihre Fotos zu vervielfältigen, zu verbreiten und anzuzeigen sowie das Recht, daraus abgeleitete Werke zu erstellen.

Um Ihr Urheberrecht weiter zu schützen, sollten Sie erwägen, Ihre Fotos beim Urheberrecht Samt in Ihrem Land zu registrieren. Während der Urheberrechtsschutz automatisch erfolgt, bietet die Registrierung zusätzliche rechtliche Vorteile und erleichtert die Durchsetzung Ihrer Rechte vor Gericht, wenn Ihr Werk verletzt wird.

Wenn Sie Ihre Fotos online teilen, sollten Sie die Verwendung von Wasserzeichen oder die Einbettung von Urheberrechtsinformationen in Ihre Bilder in Betracht ziehen, um eine unbefugte Nutzung zu verhindern. Obwohl Wasserzeichen etwas aufdringlich sein können, können sie auch dazu beitragen, Ihre Arbeit zu identifizieren und potenzielle Rechtsverletzer davon abzuhalten, Ihre Fotos zu stehlen.

Seien Sie wachsam bei der Überwachung der Online-Nutzung Ihrer Fotos. Verwenden Sie Tools zur umgekehrten Bildsuche, um zu verfolgen, wo Ihre Fotos verwendet werden, und ergreifen Sie Maßnahmen, um gegen unbefugte Nutzung oder Verstöße vorzugehen. Dies kann das Versenden von Unterlassungserklärungen, das Einreichen von DMCA-Deaktivierungs Mitteilungen oder die Einleitung rechtlicher Schritte gegen Rechtsverletzer umfassen.

Erwägen Sie die Lizenzierung Ihrer Fotos für die kommerzielle Nutzung. Durch die Lizenzierung Ihrer Fotos können Sie anderen gegen eine Gebühr oder eine andere Vergütung die Erlaubnis erteilen, Ihr Werk zu nutzen. Es stehen verschiedene Arten von Lizenzen zur Verfügung, von gebührenfreien Lizenzen, die die unbegrenzte Nutzung Ihrer Fotos ermöglichen, bis hin zu lizenzpflichtigen Lizenzen, die die Nutzung basierend auf Faktoren wie Dauer, geografischem Standort und Verwendungszweck einschränken.

Und schließlich informieren Sie sich über das Urheberrecht und die Rechte an geistigem Eigentum. Je mehr Sie über Ihre Rechte wissen und wissen, wie Sie diese schützen können, desto besser können Sie Ihr Werk vor Verletzungen und unbefugter Nutzung schützen.

Zusammenfassend lässt sich sagen, dass der Schutz Ihrer Arbeit vor unbefugter Nutzung und Verletzung von wesentlicher Bedeutung für die Wahrung Ihrer Rechte als Fotograf und die Sicherung Ihres Lebensunterhalts ist. Indem Sie das Urheberrecht verstehen, Ihre Arbeit registrieren, Wasserzeichen verwenden, die Nutzung überwachen, Ihre Fotos lizenzieren und über Ihre Rechte informiert bleiben, können Sie proaktive Maßnahmen ergreifen, um Ihre kreative Arbeit zu schützen und sicherzustellen, dass Sie für Ihre Bemühungen angemessene Anerkennung und Vergütung erhalten. Seien Sie also proaktiv, bleiben Sie wachsam und schützen Sie Ihre Arbeit vor Missbrauch und Rechtsverletzungen!

Social-Media-Etikette für Fotografen

Okay, tauchen wir ein in die Verhaltensregeln für Fotografen in den sozialen Medien. Soziale Medien sind ein wirkungsvolles Werkzeug, um Ihre Arbeit zu präsentieren, mit anderen Fotografen in Kontakt zu treten und mit Ihrem Publikum in Kontakt zu treten. Es ist jedoch wichtig, sie verantwortungsvoll und respektvoll zu nutzen.

Lassen Sie uns zunächst über das Teilen Ihrer Arbeit sprechen. Soziale Medien sind eine großartige Plattform, um Ihre Fotos zu präsentieren und ein breiteres Publikum zu erreichen. Es ist jedoch wichtig, bei dem, was Sie teilen, selektiv vorzugehen. Veröffentlichen Sie nur Ihre besten Arbeiten – die Bilder, die Ihren Stil und Ihre Vision als Fotograf wirklich widerspiegeln. Qualität geht vor Quantität, also widerstehen Sie dem Drang, die Feeds Ihrer Follower mit jedem Foto zu überfluten, das Sie jemals gemacht haben.

Wenn Sie Ihre Fotos in sozialen Medien teilen, achten Sie darauf, die Quellenangabe dort anzugeben, wo sie angebracht ist. Wenn Sie die Arbeit einer anderen Person erneut veröffentlichen, bitten Sie immer zuerst um Erlaubnis und geben Sie die Person in Ihrer Bildunterschrift angemessen an. Wenn Sie ein Foto teilen, das von der Arbeit einer anderen Person inspiriert wurde, achten Sie auch darauf, diese Person zu würdigen und die Inspiration anzuerkennen.

Interagieren Sie auf sinnvolle Weise mit Ihrem Publikum. Reagieren Sie auf Kommentare und Nachrichten, stellen Sie Fragen und regen Sie Gespräche an. In den sozialen Medien geht es vor allem um den Aufbau von Verbindungen und die Pflege von Beziehungen. Nehmen Sie sich also die Zeit, mit Ihren Followern in Kontakt zu treten und ihnen zu zeigen, dass Sie ihre Unterstützung und ihr Feedback schätzen.

Seien Sie respektvoll gegenüber anderen Fotografen und ihrer Arbeit. Vermeiden Sie negative oder abfällige Kommentare über andere Fotografen oder deren Fotos, auch wenn Ihnen persönlich deren Stil oder Thema nicht gefällt. Denken Sie daran, Fotografie ist subjektiv und was der eine liebt, mag der andere vielleicht nicht – und das ist in Ordnung!

Vermeiden Sie die Nutzung sozialer Medien, um Beschwerden zu äußern oder sich über Kunden, Kollegen oder andere Fotografen zu beschweren. Halten Sie Ihre Interaktionen professionell und positiv und denken Sie daran, dass soziale Medien ein öffentliches Forum sind, in dem Ihre Beiträge von jedem gesehen werden können.

Und schließlich sollten Sie sich des Urheberrechts und der Rechte an geistigem Eigentum bewusst sein. Verwenden Sie die Fotos anderer Personen nicht ohne deren Erlaubnis und geben Sie immer eine Quellenangabe an, wenn Sie die Arbeit einer anderen Person teilen oder erneut veröffentlichen. Respektieren Sie die Rechte anderer Fotografen, so wie Sie möchten, dass sie Ihre Rechte respektieren.

Zusammenfassend geht es bei der Social-Media-Etikette für Fotografen darum, die Plattform verantwortungsbewusst und respektvoll zu nutzen. Indem Sie Ihre beste Arbeit teilen, Anerkennung geben, wo Anerkennung gebührt, mit Ihrem Publikum in Kontakt treten, anderen Fotografen gegenüber respektvoll sein und Urheberrechte und geistige Eigentumsrechte respektieren, können Sie soziale Medien nutzen, um Ihr Talent zu präsentieren und mit anderen Fotografen und Fotografie-Enthusiasten in Kontakt zu treten eine positive und sinnvolle Art und Weise. Also machen Sie weiter, teilen Sie Ihre Arbeit, interagieren Sie mit Ihrem Publikum und genießen Sie die unglaubliche Community, die soziale Medien zu bieten haben!

Vernetzung und Zusammenarbeit in der Fotografie-Community

Okay, lassen Sie uns über die Kraft der Vernetzung und Zusammenarbeit in der Fotografie-Community sprechen. Der Aufbau von Beziehungen zu anderen Fotografen und die Zusammenarbeit an Projekten können neue Möglichkeiten eröffnen, Ihre Fähigkeiten erweitern und Ihre Kreativität anregen.

Lassen Sie uns zunächst über das Networking sprechen. Beim Networking geht es darum, Kontakte zu knüpfen und Beziehungen zu anderen Fotografen, Branchenexperten und potenziellen Kunden aufzubauen. Nehmen Sie an Fotografie-Treffen, Workshops und Konferenzen teil, treten Sie Online-Foto-Foren und -Communities bei und tauschen Sie sich über soziale Medien mit anderen Fotografen aus. Nehmen Sie sich die Zeit, sich vorzustellen, Fragen zu stellen und andere Fotografen in Ihrer Nähe oder Nische kennenzulernen.

Beim Networking geht es nicht nur darum, Kontakte zu knüpfen – es geht auch darum, diese Kontakte im Laufe der Zeit zu pflegen. Bleiben Sie mit Ihren Kontakten in Kontakt, bleiben Sie nach Besprechungen oder Veranstaltungen auf dem Laufenden und suchen Sie nach Möglichkeiten zur Zusammenarbeit oder zur gegenseitigen Unterstützung bei der Arbeit. Der Aufbau eines starken Kontaktnetzwerks kann neue Möglichkeiten für Zusammenarbeit, Empfehlungen und gegenseitige Unterstützung eröffnen.

Zusammenarbeit ist eine weitere wirkungsvolle Möglichkeit, als Fotograf zu wachsen und zu lernen. Ob Sie mit anderen Fotografen an einem kreativen Projekt zusammenarbeiten, mit Models oder Stylisten für ein Fotoshooting zusammenarbeiten oder mit Kunden zusammenarbeiten, um ihre Vision zum Leben zu erwecken – durch Zusammenarbeit können Sie Ihre Talente und Ressourcen bündeln, um etwas zu schaffen, das größer ist als die Summe seiner Ziele Teile.

Bei der Zusammenarbeit mit anderen ist Kommunikation der Schlüssel. Definieren Sie Rollen und Erwartungen im Voraus klar, besprechen Sie die kreative Vision und Ziele für das Projekt und legen Sie einen Zeitplan und einen Arbeitsablauf fest, der für alle Beteiligten funktioniert. Seien Sie offen für Feedback und Ideen Ihrer Mitarbeiter und seien Sie bereit, Kompromisse einzugehen und eine gemeinsame Basis zu finden, um das bestmögliche Ergebnis zu erzielen.

Bei der Zusammenarbeit geht es nicht nur darum, mit anderen Fotografen zusammenzuarbeiten, sondern auch darum, von ihnen zu lernen. Seien Sie offen dafür, neue Techniken zu erlernen, mit verschiedenen Stilen zu experimentieren und Ihre Komfortzone zu verlassen. Durch die Zusammenarbeit mit anderen können Sie Ihre Fähigkeiten erweitern, neue Erkenntnisse gewinnen und sich als Fotograf weiterentwickeln.

Und schließlich haben Sie keine Angst davor, die Führung zu übernehmen und selbst Kooperationen zu initiieren. Nehmen Sie Kontakt zu anderen Fotografen, Models, Stylisten oder anderen Kreativen auf, deren Arbeit Sie bewundern, und schlagen Sie Ideen für eine Zusammenarbeit vor. Ob es sich um ein thematisches Fotoshooting, eine gemeinsame Ausstellung oder ein Gemeinschaftsprojekt für einen Kunden handelt, scheuen Sie sich nicht, Ihre Ideen vorzustellen und zu sehen, wohin sie Sie führen.

Zusammenfassend lässt sich sagen, dass Vernetzung und Zusammenarbeit für das Wachstum und Gedeihen in der Fotografie-Community unerlässlich sind. Durch den Aufbau von Beziehungen, die Pflege von Verbindungen und die Zusammenarbeit mit anderen können Sie Ihre Fähigkeiten erweitern, Ihren Horizont erweitern und als Fotograf mehr Erfolg und Erfüllung erzielen. Gehen Sie also raus, knüpfen Sie Kontakte und lassen Sie Ihrer Kreativität durch Zusammenarbeit freien Lauf!

Ich suche Feedback und konstruktive Kritik

Okay, lassen Sie uns darüber sprechen, wie wichtig es ist, als Fotograf Feedback und konstruktive Kritik einzuholen. Während es einschüchternd sein kann, Ihre Arbeit der Öffentlichkeit zugänglich zu machen, damit andere sie kritisieren können, kann es für Ihr Wachstum und Ihre Entwicklung als Künstler unglaublich wertvoll sein, Feedback von Kollegen, Mentoren und anderen Fotografen zu erhalten.

Lassen Sie uns zunächst darüber sprechen, warum Feedback wichtig ist. Feedback verschafft Ihnen eine neue Perspektive auf Ihre Arbeit und hilft Ihnen, Ihre Fotos mit den Augen eines anderen zu sehen. Es kann Bereiche hervorheben, in denen Sie sich auszeichnen, und Bereiche, in denen Sie sich verbessern können, und Ihnen dabei helfen, Stärken und Schwächen in Ihrer Fotografie zu erkennen. Feedback eröffnet auch Möglichkeiten zum Lernen und Wachstum, sodass Sie Ihre Fähigkeiten erweitern und Ihr Handwerk verfeinern können.

Bei der Einholung von Feedback ist es wichtig, aufgeschlossen und empfänglich für Kritik zu sein. Denken Sie daran, dass das Ziel des Feedbacks nicht darin besteht, Sie zu demütigen oder Ihnen ein schlechtes Gewissen wegen Ihrer Arbeit zu bereiten – es soll Ihnen helfen, sich als Fotograf zu verbessern und weiterzuentwickeln. Gehen Sie offen und lernbereit mit Feedback um und seien Sie dankbar für alle Erkenntnisse oder Vorschläge anderer.

Geben Sie genau an, nach welcher Art von Feedback Sie suchen. Sie suchen technische Beratung zu Belichtung und Komposition? Suchen Sie Feedback zu Ihrem Bearbeitungsstil oder Ihren Nachbearbeitungstechniken? Möchten Sie die Meinung anderer zum Gesamtkonzept und zur Botschaft Ihrer Fotos hören? Machen Sie sich klar, was Sie sich von dem Feedback-Prozess erhoffen, damit andere Ihnen möglichst hilfreiches und relevantes Feedback geben können.

Wenn Sie Feedback erhalten, konzentrieren Sie sich auf die konstruktive Kritik – das Feedback, das konkrete Verbesserungsvorschläge bietet oder Bereiche hervorhebt, in denen Sie als Fotograf wachsen können. Während positives Feedback immer schön zu hören ist, ist es die konstruktive Kritik, die Ihnen dabei hilft, ein besserer Fotograf zu werden.

Und schließlich haben Sie keine Angst davor, Feedback aus verschiedenen Quellen einzuholen. Wenden Sie sich an andere Fotografen, Mentoren und Kollegen, deren Arbeit Sie bewundern, und bitten Sie sie um ehrliches Feedback zu Ihren Fotos. Treten Sie Fotoforen und Communities bei, in denen Sie Ihre Arbeit teilen und Feedback von einem breiteren Publikum erhalten können. Je mehr Feedback Sie erhalten, desto mehr Möglichkeiten haben Sie, als Fotograf zu lernen und sich weiterzuentwickeln.

Zusammenfassend lässt sich sagen, dass das Einholen von Feedback und konstruktiver Kritik ein wesentlicher Bestandteil des kreativen Prozesses für Fotografen ist. Indem Sie aufgeschlossen sind, genau angeben, welche Art von Feedback Sie suchen, sich auf konstruktive Kritik konzentrieren und Feedback aus verschiedenen Quellen einholen, können Sie wertvolle Erkenntnisse gewinnen, Ihre Fähigkeiten verbessern und sich als Fotograf weiterentwickeln. Scheuen Sie sich also nicht, Ihre Arbeit der Öffentlichkeit zugänglich zu machen, Feedback von anderen einzuholen und es als Sprungbrett für Ihr Wachstum und Ihre Entwicklung als Künstler zu nutzen.

Setzen Sie realistische Ziele und Meilensteine

Lassen Sie uns näher darauf eingehen, wie wichtig es ist, als Fotograf realistische Ziele und Meilensteine zu setzen. Egal, ob Sie gerade erst anfangen oder Ihre Fotografie auf die nächste Stufe bringen möchten: Klare Ziele und Meilensteine können Ihnen dabei helfen, konzentriert, motiviert und auf Erfolgskurs zu bleiben.

Lassen Sie uns zunächst darüber sprechen, warum das Setzen von Zielen wichtig ist. Ziele geben Ihnen etwas, nach dem Sie streben können, und geben Ihrer Fotografie Richtung und Zweck. Sie helfen Ihnen dabei, Ihre Prioritäten zu klären, Bereiche mit Verbesserungspotenzial zu identifizieren und Ihren Fortschritt im Laufe der Zeit zu messen. Ohne klare Ziele fühlt man sich schnell verloren oder überfordert und weiß nicht, welche Schritte man als Nächstes unternehmen soll, um auf dem Weg zur Fotografie voranzukommen.

Beim Setzen von Zielen ist es wichtig, realistisch und konkret zu sein. Anstatt sich vage Ziele wie „bessere Fotos machen" oder „ein berühmter Fotograf werden" zu setzen, teilen Sie diese in kleinere, besser erreichbare Ziele auf, die spezifisch, messbar und zeitgebunden sind. Sie könnten sich zum Beispiel das Ziel setzen, Ihre Komposition Fähigkeiten zu verbessern, indem Sie die Drittelregel in Ihren Fotos anwenden, oder Ihre Instagram-Follower innerhalb der nächsten drei Monate um 10 % steigern.

Wenn Sie Ihre Ziele festgelegt haben, teilen Sie sie in kleinere Meilensteine oder Aufgaben auf, auf die Sie täglich, wöchentlich oder monatlich hinarbeiten können. Dies macht Ihre Ziele leichter zu bewältigen und hilft Ihnen, motiviert zu bleiben, indem es Ihnen ein Gefühl von Fortschritt und Erfolg gibt, während Sie auf Ihre größeren Ziele hinarbeiten.

Seien Sie flexibel und anpassungsfähig bei Ihren Zielen. Das Leben ist unvorhersehbar und manchmal laufen die Dinge nicht nach Plan. Seien Sie bereit, Ihre Ziele und Zeitpläne nach Bedarf anzupassen, und gehen Sie nicht zu streng mit sich selbst um, wenn Sie auf dem Weg auf Rückschläge oder Hindernisse stoßen. Denken Sie daran, dass es in Ordnung ist, Umwege zu machen oder den Kurs zu ändern – wichtig ist, dass Sie weiter vorankommen und Ihrer Gesamt Vision und Ihren Zielen treu bleiben.

Feiern Sie abschließend Ihre Erfolge und Meilensteine auf Ihrem Weg. Nehmen Sie sich Zeit, Ihre Erfolge anzuerkennen und zu feiern, egal wie klein sie auch erscheinen mögen. Ganz gleich, ob es darum geht, eine bestimmte Anzahl an Followern in den sozialen Medien zu erreichen, Ihren ersten Abzug zu verkaufen oder eine neue Fototechnik zu erlernen – jeder Meilenstein ist es wert, als Beweis für Ihre harte Arbeit, Ihr Engagement und Ihren Fortschritt als Fotograf gefeiert zu werden.

Zusammenfassend lässt sich sagen, dass das Setzen realistischer Ziele und Meilensteine für den Erfolg und die Weiterentwicklung eines Fotografen unerlässlich ist. Indem Sie sich klare, spezifische Ziele setzen, diese in kleinere Meilensteine unterteilen, flexibel und anpassungsfähig bleiben und dabei Ihre Erfolge feiern, können Sie konzentriert, motiviert und auf dem richtigen Weg bleiben, um Ihre fotografischen Träume zu verwirklichen. Legen Sie also Ihre Ziele fest und arbeiten Sie daran, Ihre fotografischen Wünsche in die Realität umzusetzen!

Finden Sie Ihren Fotografie Stil und Ihre Stimme

Lassen Sie uns den Weg erkunden, Ihren einzigartigen Fotografie Stil und Ihre einzigartige Stimme zu finden – es ist, als würden Sie Ihren künstlerischen Fingerabdruck entdecken, der Sie von anderen unterscheidet. Ihr Stil und Ihre Stimme machen Ihre Fotos erkennbar und einprägsam und spiegeln Ihre Persönlichkeit, Vision und Ihren kreativen Ausdruck wider.

Lassen Sie uns zunächst darüber sprechen, was Fotografie Stil und Stimme eigentlich bedeuten. Ihr Stil umfasst die ästhetischen und visuellen Elemente, die Ihre Arbeit definieren – er kann durch die Wahl Ihrer Themen, Kompositionstechniken, Bearbeitungsstil, Farbpalette oder Stimmung gekennzeichnet sein. Ihre Stimme hingegen ist die emotionale und konzeptionelle Grundlage Ihrer Arbeit – es ist das, was Ihre Fotos über Sie aussagen, Ihre Perspektive und die Geschichten, die Sie erzählen möchten.

Das Finden Ihres Stils und Ihrer Stimme ist eine Reise der Selbstfindung und Erkundung. Es geht darum, mit verschiedenen Techniken, Themen und Herangehensweisen zu experimentieren, bis Sie herausgefunden haben, was Sie anspricht und sich für Sie als Fotograf authentisch anfühlt. Haben Sie keine Angst davor, neue Dinge auszuprobieren, Risiken einzugehen und die Grenzen Ihrer Kreativität zu erweitern – so werden Sie Ihren einzigartigen Stil und Ihre einzigartige Stimme entdecken.

Schauen Sie zunächst nach innen und fragen Sie sich, was Sie inspiriert und wofür Sie leidenschaftlich sind. Zu welchen Themen oder Themen fühlen Sie sich hingezogen? Welche Emotionen oder Ideen möchten Sie mit Ihren Fotos hervorrufen? Ihre Antworten auf diese Fragen können Hinweise auf Ihren Stil und Ihre Stimme geben und Ihnen bei Ihrer kreativen Reise helfen.

Achten Sie auf die Arbeit von Fotografen, die Sie bewundern, aber versuchen Sie nicht, deren Stil nachzuahmen oder zu wiederholen. Studieren Sie stattdessen ihre Techniken und Ansätze und überlegen Sie, wie Sie Elemente ihrer Arbeit in Ihre eigene, einzigartige Vision integrieren können. Lassen Sie sich von einer Vielzahl von Quellen inspirieren – nicht nur von anderen Fotografen, sondern auch von Kunst, Literatur, Musik und der Welt um Sie herum.

Experimentieren Sie mit verschiedenen Techniken, Themen und Stilen, bis Sie das gefunden haben, was sich für Sie richtig anfühlt. Haben Sie keine Angst davor, Fehler zu machen oder Umwege zu gehen – jedes Experiment ist eine Gelegenheit, als Fotograf zu lernen und sich weiterzuentwickeln. Verfeinern und verfeinern Sie Ihren Stil und Ihre Stimme im Laufe der Zeit weiter und vertrauen Sie darauf, dass Sie mit Geduld und Beharrlichkeit schließlich Ihre eigene kreative Stimme finden werden, die Sie von der Masse abhebt.

Und denken Sie daran, dass sich Ihr Stil und Ihre Stimme weiterentwickeln und verändern werden, während Sie als Fotograf wachsen und sich weiterentwickeln. Begeben Sie sich auf die Reise der Selbstfindung und kreativen Erkundung und vertrauen Sie darauf, dass Ihre einzigartige Perspektive und Vision in Ihrer Arbeit zum Ausdruck kommt und sie wirklich zu Ihrer eigenen macht.

Zusammenfassend lässt sich sagen, dass es eine zutiefst persönliche und lohnende Reise ist, den eigenen fotografischen Stil und die eigene Stimme zu finden. Indem Sie Ihre Leidenschaften erforschen, mit verschiedenen Techniken experimentieren und sich selbst und Ihrer Vision treu bleiben, können Sie Ihre einzigartige kreative Stimme entdecken, die Sie als Fotografen auszeichnet. Also machen Sie sich auf die Reise und lassen Sie Ihren Stil und Ihre Stimme in Ihrer Fotografie durchscheinen!

Leidenschaft und Gewinn in Einklang bringen: Machen Sie Ihr Hobby zum Beruf

Lassen Sie uns in die aufregende Reise eintauchen, Ihr Fotohobby in einen erfüllenden Beruf zu verwandeln und gleichzeitig Ihre Leidenschaft für die Fotografie mit dem Bedürfnis, Einkommen zu generieren, in Einklang zu bringen.

Erstens ist es wichtig, dass Sie Ihre Leidenschaft für die Fotografie auch beim Übergang ins Berufsleben beibehalten. Denken Sie daran, warum Sie sich überhaupt in die Fotografie verliebt haben, und pflegen Sie diese Leidenschaft weiterhin. Ihre Liebe zum Handwerk wird die treibende Kraft hinter Ihrem Erfolg sein und Sie in herausfordernden Zeiten motiviert halten.

Allerdings ist es auch wichtig, die geschäftliche Seite der Fotografie anzuerkennen. Wenn Sie Ihr Hobby zum Beruf machen, müssen Sie mit einer strategischen Denkweise an die Sache herangehen. Dazu gehört die Entwicklung eines Geschäftsplans, die Festlegung finanzieller Ziele und die Erstellung einer Marketingstrategie zur Förderung Ihrer Dienstleistungen.

Wenn es um die Preisgestaltung Ihrer Dienstleistungen geht, ist es wichtig, Ihre Arbeit und Ihr Fachwissen zu würdigen. Während es verlockend sein kann, sich selbst zu unterschätzen, insbesondere am Anfang, kann dies Ihre Glaubwürdigkeit untergraben und es schwierig machen, Ihr Unternehmen langfristig aufrechtzuerhalten. Nehmen Sie sich die Zeit, Branchenstandards zu recherchieren und Preise festzulegen, die den Wert Ihrer Arbeit widerspiegeln.

Der Aufbau einer starken Online-Präsenz ist der Schlüssel zur Kundengewinnung und zum Wachstum Ihres Fotogeschäfts. Investieren Sie in die Erstellung einer professionellen Website und eines Portfolios, die Ihre besten Arbeiten präsentieren und Ihren einzigartigen Stil und

Ihre Stimme hervorheben. Nutzen Sie Social-Media-Plattformen, um mit Ihrem Publikum in Kontakt zu treten, Einblicke hinter die Kulissen Ihrer Arbeit zu gewähren und Beziehungen zu potenziellen Kunden aufzubauen.

Networking ist ein weiterer entscheidender Aspekt beim Aufbau einer erfolgreichen Karriere als Fotograf. Nehmen Sie an Branchenveranstaltungen teil, treten Sie Fotogruppen und -foren bei und vernetzen Sie sich mit anderen Fachleuten in Ihrem Bereich. Der Aufbau eines starken Kontaktnetzwerks kann zu neuen Möglichkeiten, Kooperationen und Empfehlungen führen, die zum Wachstum Ihres Unternehmens beitragen können.

Beim Übergang vom Hobbyfotografen zum professionellen Fotografen ist es wichtig, flexibel und offen für neue Möglichkeiten zu bleiben. Seien Sie bereit, sich an sich ändernde Markttrends anzupassen, mit verschiedenen Nischen oder Dienstleistungen zu experimentieren und kontinuierlich nach Möglichkeiten zur Innovation und zum Wachstum Ihres Unternehmens zu suchen.

Denken Sie abschließend daran, Selbstfürsorge und Ausgeglichenheit in Ihrem Leben zu priorisieren. Der Aufbau einer Karriere als Fotograf kann sowohl körperlich als auch emotional anstrengend sein. Daher ist es wichtig, sich Zeit für sich selbst zu nehmen und sein Wohlbefinden zu fördern. Setzen Sie Grenzen für Ihre Arbeitszeiten, priorisieren Sie Aktivitäten, die Ihnen außerhalb der Fotografie Freude und Erfüllung bringen, und scheuen Sie sich nicht, um Hilfe oder Unterstützung zu bitten, wenn Sie sie brauchen.

Zusammenfassend lässt sich sagen, dass die Umwandlung Ihres Fotografie-Hobbys in einen Beruf eine Balance aus Leidenschaft, strategischer Planung und Geschäftssinn erfordert. Indem Sie Ihrer Liebe zur Fotografie treu bleiben, Ihre Arbeit wertschätzen, eine starke Online-Präsenz aufbauen, sich mit anderen Fachleuten vernetzen und der Selbstfürsorge Priorität einräumen, können Sie eine erfüllende und nachhaltige Karriere aufbauen und das tun, was Sie lieben. Also machen

Sie weiter, verfolgen Sie Ihre Träume und verwandeln Sie Ihre Leidenschaft für die Fotografie in eine erfolgreiche und lohnende Karriere!

Kundenkommunikation und Professionalität

Lassen Sie uns die Bedeutung effektiver Kundenkommunikation und Professionalität in der Fotobranche erkunden. Der Aufbau starker Beziehungen zu Ihren Kunden und die Aufrechterhaltung eines professionellen Auftretens sind für den Erfolg in der Branche von entscheidender Bedeutung.

Erstens ist eine klare und zeitnahe Kommunikation der Schlüssel zu einem positiven Erlebnis für Ihre Kunden. Von der ersten Anfrage bis zur endgültigen Lieferung der Bilder trägt die Information und Aktualisierung Ihrer Kunden bei jedem Schritt dazu bei, Vertrauen in Ihre Dienstleistungen aufzubauen.

Reagieren Sie umgehend auf Kundenanfragen, unabhängig davon, ob diese per E-Mail, Telefonanruf oder Social-Media-Nachrichten eingehen. Seien Sie in Ihren Antworten höflich und professionell und machen Sie klare und detaillierte Informationen zu Ihren Dienstleistungen, Preisen und Verfügbarkeit.

Hören Sie aufmerksam auf die Bedürfnisse und Vorlieben Ihrer Kunden und stellen Sie Fragen, um eventuelle Unklarheiten auszuräumen. Wenn Sie ihre Vision und Erwartungen verstehen, können Sie Ihre Dienstleistungen an ihre spezifischen Anforderungen anpassen und Ergebnisse liefern, die ihre Erwartungen übertreffen.

Halten Sie Ihre Kunden während des gesamten Fotografie Prozesses über Zeitpläne, Termine und eventuell auftretende Änderungen oder Aktualisierungen auf dem Laufenden. Seien Sie proaktiv bei der Kommunikation von Verzögerungen oder Herausforderungen, die sich auf das Projekt auswirken könnten, und arbeiten Sie mit Ihren Kunden zusammen, um Lösungen zu finden und einen reibungslosen und erfolgreichen Ausgang sicherzustellen.

Behalten Sie die Professionalität bei allen Ihren Interaktionen mit Kunden, Kollegen und Lieferanten bei. Dazu gehört, dass Sie in Ihrer Kommunikation und Ihrem Verhalten pünktlich, zuverlässig und respektvoll sind. Kleiden Sie sich bei Kundengesprächen und Fotoshootings angemessen und verhalten Sie sich jederzeit mit Integrität und Ehrlichkeit.

Seien Sie von Anfang an transparent über Ihre Preise, Richtlinien und Servicebedingungen und stellen Sie sicher, dass Ihre Kunden diese verstehen und ihnen zustimmen, bevor sie einen Vertrag abschließen. Dies trägt dazu bei, Missverständnisse oder Streitigkeiten auf der ganzen Linie zu vermeiden und fördert das Vertrauen und die Transparenz in Ihren Geschäftsbeziehungen.

Setzen Sie sich schließlich nach Abschluss eines Projekts mit Ihren Kunden in Verbindung, um deren Zufriedenheit sicherzustellen und etwaige Bedenken oder Rückmeldungen zu berücksichtigen. Bedanken Sie sich bei ihnen für ihr Geschäft und drücken Sie Ihre Wertschätzung für die Gelegenheit aus, mit ihnen zusammenzuarbeiten. Der Aufbau positiver Beziehungen zu Ihren Kunden kann zu Folge Geschäften, Empfehlungen und langfristigem Erfolg in Ihrer Karriere als Fotograf führen.

Zusammenfassend lässt sich sagen, dass eine effektive Kundenkommunikation und Professionalität für den Aufbau von Vertrauen, Zufriedenheit und Loyalität in Ihrem Fotogeschäft von entscheidender Bedeutung sind. Indem Sie eine klare und zeitnahe Kommunikation aufrechterhalten, den Bedürfnissen Ihrer Kunden aufmerksam zuhören, sich mit Integrität und Professionalität verhalten und die Zufriedenheit sicherstellen, können Sie positive und dauerhafte Beziehungen zu Ihren Kunden aufbauen und in Ihrer Karriere als Fotograf erfolgreich sein. Also legen Sie los, kommunizieren Sie selbstbewusst und zeigen Sie Ihre Professionalität in jedem Aspekt Ihres Unternehmens!

Preise für Ihre Fotodienstleistungen

Lassen Sie uns in die Kunst und Wissenschaft der Preisgestaltung für Ihre Fotodienstleistungen eintauchen. Die Festlegung der richtigen Preise ist für den Fortbestand Ihres Unternehmens und die Sicherstellung einer angemessenen Vergütung für Ihre Zeit, Ihr Fachwissen und Ihre kreative Arbeit von entscheidender Bedeutung.

Zunächst ist es wichtig, Ihre Kosten zu verstehen. Berechnen Sie alle Kosten, die mit der Führung Ihres Fotogeschäfts verbunden sind, einschließlich Ausrüstungskosten, Software Abonnements, Studiomiete, Marketingkosten und Ihrem eigenen Gehalt oder Stundensatz. Dadurch erhalten Sie eine Grundlage für die Festlegung Ihrer Preise und stellen sicher, dass Sie Ihre Kosten decken und einen Gewinn erzielen.

Berücksichtigen Sie den Wert Ihrer Zeit und Ihres Fachwissens. Ihre fotografischen Fähigkeiten und Erfahrungen sind ein wertvolles Gut, und Ihre Preisgestaltung sollte dies widerspiegeln. Berücksichtigen Sie die Zeit, die Sie für das Fotografieren, Bearbeiten, die Kommunikation mit Kunden und alle anderen Aufgaben im Zusammenhang mit Ihrem Fotogeschäft aufwenden. Unterschätzen Sie Ihre Zeit nicht – sie ist eine Ihrer wertvollsten Ressourcen.

Erforschen Sie den Markt und kennen Sie Ihren Wert. Sehen Sie sich an, was andere Fotografen in Ihrer Nähe oder Nische für ähnliche Dienste verlangen, und nutzen Sie diese Informationen als Grundlage für Ihre Preisstrategie. Berücksichtigen Sie Ihr einzigartiges Wertversprechen, z. B. Ihren Stil, die Qualität Ihrer Arbeit und den Grad des Kundenservice, und legen Sie die Preise für Ihre Dienstleistungen entsprechend fest.

Bieten Sie unterschiedliche Preispakete an, um unterschiedlichen Kunden und Budgets gerecht zu werden. Dadurch können Sie Kunden mit unterschiedlichen Bedürfnissen und Vorlieben gewinnen und gleichzeitig Ihr Verdienst Potenzial maximieren. Erwägen Sie, abgestufte Pakete mit unterschiedlichen Service Niveaus und Preisen sowie

Zusatzoptionen für zusätzliche Produkte oder Dienstleistungen anzubieten.

Seien Sie transparent über Ihre Preise und Richtlinien. Kommunizieren Sie Ihre Preise deutlich auf Ihrer Website, in Marketingmaterialien und in Ihrer ersten Kommunikation mit Kunden. Stellen Sie sicher, dass Ihre Kunden verstehen, was in Ihren Preisen enthalten ist und welche zusätzlichen Gebühren oder Abgaben anfallen können. Transparenz schafft Vertrauen und hilft, spätere Missverständnisse oder Streitigkeiten zu vermeiden.

Berücksichtigen Sie den wahrgenommenen Wert Ihrer Dienstleistungen. Faktoren wie Ihr Ruf, Ihr Portfolio und Ihr Markenimage können Einfluss darauf haben, wie Kunden den Wert Ihrer Arbeit wahrnehmen. Investieren Sie in den Aufbau einer starken Markenidentität, die Präsentation Ihrer besten Arbeit und die Bereitstellung eines außergewöhnlichen Kundenservices, um den wahrgenommenen Wert Ihrer Dienstleistungen zu steigern und Ihre Preisgestaltung zu rechtfertigen.

Seien Sie schließlich flexibel und anpassungsfähig bei Ihrer Preisgestaltung. Jeder Kunde und jedes Projekt ist einzigartig und es ist in Ordnung, Preise auszuhandeln oder Pakete an die spezifischen Bedürfnisse anzupassen. Seien Sie offen dafür, Preisoptionen mit Ihren Kunden zu besprechen und Lösungen zu finden, die für beide Seiten funktionieren.

Zusammenfassend lässt sich sagen, dass die Preisgestaltung Ihrer Fotodienstleistungen eine sorgfältige Berücksichtigung Ihrer Kosten, Ihres Wertes, der Markttrends und der Kundenbedürfnisse erfordert. Indem Sie Ihre Ausgaben verstehen, Ihre Zeit und Ihr Fachwissen schätzen, den Markt recherchieren, transparente Preise Pakete anbieten und sich an die Vorlieben Ihrer Kunden anpassen, können Sie faire, wettbewerbsfähige und nachhaltige Preise für Ihr Fotogeschäft festlegen. Machen Sie sich also an die Arbeit, ermitteln Sie diese Zahlen und legen

Sie die Preise für Ihre Fotodienstleistungen so fest, dass sie den Wert widerspiegeln, den Sie Ihren Kunden bieten!

Vermarkten Sie sich als Fotograf

Lassen Sie uns effektive Strategien erkunden, wie Sie sich als Fotograf vermarkten und Kunden für Ihr Unternehmen gewinnen können. Im heutigen Wettbewerbsumfeld ist es wichtig, sich abzuheben und potenziellen Kunden Ihren einzigartigen Stil und Ihr Fachwissen zu präsentieren.

Erstellen Sie zunächst eine professionelle Online-Präsenz. Investieren Sie in eine gut gestaltete Website, die Ihr Portfolio, Ihre Dienstleistungen, Preise und Kontaktinformationen präsentiert. Ihre Website ist oft der erste Eindruck, den potenzielle Kunden von Ihrem Unternehmen haben. Stellen Sie daher sicher, dass sie Ihre Markenidentität widerspiegelt und Ihre besten Arbeiten präsentiert.

Optimieren Sie Ihre Website für Suchmaschinen (SEO), um Ihre Sichtbarkeit im Internet zu verbessern. Verwenden Sie relevante Schlüsselwörter, Meta-Tags und Beschreibungen, damit potenzielle Kunden Sie finden, wenn sie nach Fotografen in Ihrer Nähe oder Nische suchen. Erwägen Sie, einen Blog zu starten, um Einblicke, Tipps und Geschichten hinter den Kulissen über Ihre fotografische Arbeit zu teilen, was auch dazu beitragen kann, die SEO Ihrer Website zu verbessern.

Nutzen Sie soziale Medien, um mit Ihrem Publikum in Kontakt zu treten und Ihre Arbeit zu bewerben. Wählen Sie Plattformen, die zu Ihrer Zielgruppe und Ihrer Fotografie-Nische passen, wie zum Beispiel Instagram, Facebook, Pinterest oder LinkedIn. Teilen Sie Ihre Fotos regelmäßig, interagieren Sie mit Ihren Followern und nutzen Sie Hashtags, um Ihre Reichweite zu erhöhen und neue Kunden zu gewinnen.

Vernetzen Sie sich mit anderen Fachleuten in Ihrer Branche und Gemeinde. Nehmen Sie an Branchenveranstaltungen teil, treten Sie Fotogruppen und -foren bei und arbeiten Sie mit anderen Fotografen, Models, Stylisten und Anbietern zusammen. Der Aufbau starker

Beziehungen zu Berufskollegen kann zu Empfehlungen, Kooperationen und neuen Möglichkeiten für Ihr Unternehmen führen.

Bieten Sie Anreize für Empfehlungen, um zufriedene Kunden zu ermutigen, Ihre Dienstleistungen bekannt zu machen. Erwägen Sie, Kunden, die Ihnen neue Geschäfte empfehlen, Rabatte, Gratis Geschenke oder andere Prämien anzubieten. Mundpropaganda-Marketing ist unglaublich wirksam und kann Ihnen dabei helfen, hochwertige Kunden zu gewinnen, die den Empfehlungen von Freunden oder der Familie eher vertrauen.

Erwägen Sie eine Partnerschaft mit lokalen Unternehmen oder Organisationen, um neue Zielgruppen zu erreichen. Bieten Sie an, Ihre Arbeiten in Cafés, Boutiquen oder anderen Einzelhandelsflächen auszustellen, oder arbeiten Sie bei Sonderaktionen oder Veranstaltungen mit lokalen Unternehmen zusammen. Durch den Aufbau von Partnerschaften mit komplementären Unternehmen können Sie neue Kunden erreichen und Ihre Marke in Ihrer Community stärken.

Schließlich bieten Sie stets einen außergewöhnlichen Kundenservice und übertreffen die Erwartungen Ihrer Kunden. Zufriedene Kunden empfehlen Sie eher weiter und werden selbst zu Stammkunden. Konzentrieren Sie sich darauf, positive Beziehungen zu Ihren Kunden aufzubauen, qualitativ hochwertige Arbeit zu liefern und von Anfang bis Ende ein herausragendes Erlebnis zu bieten.

Zusammenfassend lässt sich sagen, dass die Vermarktung als Fotograf eine Kombination aus Online- und Offline-Strategien erfordert, einschließlich der Erstellung einer professionellen Website, der Nutzung sozialer Medien, der Vernetzung mit anderen Fachleuten, der Bereitstellung von Anreizen für Empfehlungen, der Zusammenarbeit mit lokalen Unternehmen und der Bereitstellung eines außergewöhnlichen Kundenservices. Indem Sie Ihren einzigartigen Stil und Ihr Fachwissen zur Schau stellen, starke Beziehungen zu Ihrem Publikum aufbauen und stets qualitativ hochwertige Arbeit liefern, können Sie neue Kunden gewinnen und Ihr Fotogeschäft ausbauen. Also legen Sie los, zeigen Sie sich selbst und vermarkten Sie Ihre Fotodienstleistungen selbstbewusst in der Welt!

Aufbau einer starken Online-Präsenz: Website und soziale Medien

Okay, lassen Sie uns darüber reden, wie Sie eine umwerfende Online-Präsenz erstellen, die Ihr Fotogeschäft präsentiert und potenzielle Kunden anzieht. Ihre Website und Ihre Social-Media-Präsenz sind Schlüsselkomponenten Ihrer Online-Präsenz. Lassen Sie uns also ein paar einfache Sprachtipps ausprobieren, um sie zum Leuchten zu bringen.

Zunächst einmal ist Ihre Website Ihr digitales Schaufenster. Stellen Sie daher sicher, dass sie elegant, professionell und einfach zu navigieren ist. Wählen Sie ein klares und modernes Design, das Ihre beste Arbeit hervorhebt und Ihre Markenidentität widerspiegelt. Präsentieren Sie Ihr Portfolio prominent auf Ihrer Homepage und machen Sie es Besuchern leicht, mit Ihnen in Kontakt zu treten oder sich nach Ihren Dienstleistungen zu erkundigen.

Wenn es um soziale Medien geht, wählen Sie Plattformen, die zu Ihrer Zielgruppe und Ihrer Fotografie-Nische passen. Ob Instagram, Facebook, Pinterest oder LinkedIn – konzentrieren Sie sich auf die Plattformen, auf denen Ihre potenziellen Kunden am aktivsten sind. Teilen Sie Ihre Fotos regelmäßig, interagieren Sie mit Ihren Followern und nutzen Sie Hashtags, um Ihre Sichtbarkeit zu erhöhen und neue Follower zu gewinnen.

Nutzen Sie Ihre Website und Social-Media-Plattformen, um Ihre Geschichte zu erzählen und Ihre Persönlichkeit zu präsentieren. Teilen Sie Einblicke hinter die Kulissen Ihrer Arbeit, persönliche Anekdoten und Einblicke in Ihren kreativen Prozess. Dies trägt dazu bei, Ihre Marke zu humanisieren und Verbindungen zu Ihrem Publikum aufzubauen, wodurch die Wahrscheinlichkeit steigt, dass es Ihnen vertraut und Ihre Dienste bucht.

Konsistenz ist der Schlüssel zur Aufrechterhaltung Ihrer Online-Präsenz. Aktualisieren Sie Ihre Website regelmäßig mit neuen Fotos, Blogbeiträgen oder Erfahrungsberichten, um sie aktuell und ansprechend zu halten. Posten Sie auch regelmäßig in den sozialen Medien, um bei Ihrem Publikum im Gedächtnis zu bleiben und es mit Ihren Inhalten zu beschäftigen.

Interagieren Sie mit Ihrem Publikum in den sozialen Medien, indem Sie umgehend auf Kommentare, Nachrichten und Erwähnungen reagieren. Interagieren Sie mit anderen Benutzern, indem Sie deren Inhalte liken, kommentieren und teilen, und arbeiten Sie mit anderen Fachleuten in Ihrer Branche oder Community zusammen, um Ihre Reichweite zu vergrößern und neue Follower zu gewinnen.

Nutzen Sie Analysen und Erkenntnisse, um den Traffic Ihrer Website und Ihre Social-Media-Performance zu verfolgen. Achten Sie darauf, welche Arten von Inhalten bei Ihrem Publikum am meisten Anklang finden, und passen Sie Ihre Strategie entsprechend an. Experimentieren Sie mit verschiedenen Veröffentlichungszeiten, Inhalten Formaten und Hashtags, um Ihre Reichweite und Ihr Engagement zu optimieren.

Vergessen Sie nicht, Ihr Fachwissen und Ihre Autorität auf Ihrem Gebiet unter Beweis zu stellen. Teilen Sie Tipps, Tutorials und Erkenntnisse zum Thema Fotografie auf Ihrer Website und Ihren Social-Media-Plattformen, um sich als vertrauenswürdige Ressource und Vordenker in Ihrer Nische zu positionieren.

Zusammenfassend lässt sich sagen, dass der Aufbau einer starken Online-Präsenz eine Kombination aus einer ausgefeilten Website und einer aktiven Social-Media-Präsenz erfordert. Indem Sie Ihre besten Arbeiten präsentieren, Ihre Geschichte teilen, mit Ihrem Publikum interagieren und Ihr Fachwissen unter Beweis stellen, können Sie potenzielle Kunden gewinnen und Ihr Fotogeschäft online ausbauen. Also legen Sie los, setzen Sie diese lockeren Redetipps in die Tat um und schaffen Sie eine umwerfende Online-Präsenz, die Sie von der Konkurrenz abhebt!

Mit Ablehnung und Kritik mit Anmut umgehen

Okay, lassen Sie uns darüber sprechen, wie Sie mit Ablehnung und Kritik in der Welt der Fotografie souverän und professionell umgehen können. Das Empfangen von Feedback, sei es negativ oder konstruktiv, ist ein natürlicher Teil des kreativen Prozesses, und zu lernen, wie man mit Würde damit umgeht, ist für Wachstum und Belastbarkeit von entscheidender Bedeutung.

Erstens ist es wichtig, sich daran zu erinnern, dass Ablehnung und Kritik keine persönlichen Angriffe sind. Sie sind einfach Gelegenheiten zum Lernen und zur Verbesserung. Nehmen Sie Kritik nicht persönlich, sondern gehen Sie offen und lernbereit mit ihr um. Denken Sie daran, dass der Geschmack und die Vorlieben jedes Einzelnen subjektiv sind und nicht jeder Ihre Arbeit wertschätzen oder verstehen wird – und das ist in Ordnung!

Wenn Sie Kritik erhalten, konzentrieren Sie sich auf das konstruktive Feedback – die Erkenntnisse und Vorschläge, die Ihnen helfen können, als Fotograf zu wachsen und sich zu verbessern. Hören Sie aufmerksam zu, was andere über Ihre Arbeit sagen, und seien Sie offen für unterschiedliche Perspektiven und Ideen. Überlegen Sie, wie Sie dieses Feedback nutzen können, um Ihre Fähigkeiten zu verfeinern, mit neuen Techniken zu experimentieren oder andere kreative Richtungen zu erkunden.

Es ist auch wichtig, Widerstandskraft und eine positive Einstellung zu entwickeln, wenn man mit Ablehnung oder Kritik konfrontiert wird. Konzentrieren Sie sich nicht auf die negativen Aspekte, sondern auf die Chancen für Wachstum und Selbstverbesserung, die sich aus diesen Erfahrungen ergeben. Nutzen Sie Ablehnung und Kritik als Motivation, um sich noch mehr anzustrengen, an Ihren Schwächen zu arbeiten und nach Spitzenleistungen in Ihrem Handwerk zu streben.

Behalten Sie im Umgang mit anderen Professionalität und Anstand bei, auch angesichts von Ablehnung oder Kritik. Vermeiden Sie es, defensiv oder konfrontativ zu werden, und reagieren Sie stattdessen mit Demut, Dankbarkeit und Lernbereitschaft. Danken Sie der Person für ihr Feedback und lassen Sie sie wissen, dass Sie ihre Erkenntnisse schätzen und sie in Zukunft berücksichtigen werden.

Denken Sie daran, dass Ablehnung und Kritik nicht das Ende der Welt bedeuten – sie sind lediglich Hindernisse auf dem Weg zum Erfolg. Nutzen Sie sie als Chance, zu wachsen, zu lernen und ein besserer Fotograf zu werden. Konzentrieren Sie sich auf Ihre Ziele, glauben Sie an sich und Ihre Fähigkeiten und lassen Sie sich nicht durch Rückschläge oder negatives Feedback davon abhalten, Ihrer Leidenschaft für die Fotografie nachzugehen.

Zusammenfassend lässt sich sagen, dass der würdevolle Umgang mit Ablehnung und Kritik für das Wachstum und die Widerstandsfähigkeit eines Fotografen von entscheidender Bedeutung ist. Indem Sie aufgeschlossen an Feedback herangehen, sich auf konstruktive Kritik konzentrieren, eine positive Einstellung bewahren und mit Professionalität und Anmut reagieren, können Sie Ablehnung und Kritik in Möglichkeiten zum Lernen, Wachstum und zur Selbstverbesserung verwandeln. Also machen Sie weiter, nehmen Sie Feedback mit offenem Herzen an und lassen Sie sich auf Ihrer fotografischen Reise voranbringen!

Kontinuierliches Lernen: Workshops, Kurse und Ressourcen

Lassen Sie uns erkunden, wie wichtig kontinuierliches Lernen im Bereich Fotografie ist und wie Workshops, Kurse und andere Ressourcen Ihnen dabei helfen können, Ihre Fähigkeiten zu verbessern, inspiriert zu bleiben und mit den Branchentrends Schritt zu halten.

Erstens ist die Investition in Workshops, Kurse und andere Bildungsressourcen eine fantastische Möglichkeit, Ihr Wissen und Ihre Fachkenntnisse in der Fotografie zu erweitern. Egal, ob Sie ein Anfänger sind, der sich die Grundlagen aneignen möchte, oder ein erfahrener Fotograf, der seine Fähigkeiten verfeinern oder neue Techniken erforschen möchte, es gibt immer etwas Neues zu lernen.

Workshops und Kurse bieten praktische Lernerfahrungen unter der Leitung erfahrener Dozenten, die wertvolle Einblicke, Feedback und Anleitung geben können. Sie bieten die Möglichkeit, von Experten auf diesem Gebiet zu lernen, mit anderen Fotografen in Kontakt zu treten und praktische Erfahrungen durch reale Aufgaben und Projekte zu sammeln.

Online-Kurse und -Tutorials erfreuen sich in den letzten Jahren zunehmender Beliebtheit und bieten vielbeschäftigten Fotografen Flexibilität und Komfort. Plattformen wie Udemy, Skillshare und CreativeLive bieten eine breite Palette an Kursen an, die alles von Kamera-Grundlagen bis hin zu fortgeschrittenen Bearbeitungstechniken abdecken, sodass Sie bequem von zu Hause aus in Ihrem eigenen Tempo lernen können.

Neben formellen Workshops und Kursen stehen auch zahlreiche kostenlose Online-Ressourcen zur Verfügung, darunter Artikel, Blogs, Podcasts und YouTube-Kanäle mit Fotografie-Tipps, Tutorials und Inspiration. Nutzen Sie diese Ressourcen, um über Branchentrends auf dem Laufenden zu bleiben, neue Techniken zu erlernen und kreative Ideen für Ihre eigene Arbeit zu entdecken.

Übersehen Sie nicht, wie wertvoll es ist, von Ihren Kollegen und Fotografen Kollegen zu lernen. Der Beitritt zu Fotogruppen und Communities, entweder online oder persönlich, bietet die Möglichkeit, Wissen auszutauschen, Feedback auszutauschen und an Projekten zusammenzuarbeiten. Sich mit einer unterstützenden Gemeinschaft von Gleichgesinnten zu umgeben, kann für Ihre fotografische Reise unglaublich motivierend und bereichernd sein.

Vergessen Sie nicht, wie wichtig Übung und Experimente für Ihren Lernprozess sind. Wenden Sie das Wissen und die Fähigkeiten, die Sie in Workshops, Kursen und Ressourcen erwerben, auf Ihre eigenen Fotoprojekte und -aufgaben an. Experimentieren Sie mit verschiedenen Techniken, Themen und Stilen und haben Sie keine Angst, die Grenzen Ihrer Kreativität zu erweitern.

Zusammenfassend lässt sich sagen, dass kontinuierliches Lernen für das Wachstum und die Entwicklung als Fotograf unerlässlich ist. Durch die Investition in Workshops, Kurse und andere Ressourcen, die Teilnahme an Online-Communities und die Bereitschaft zum Experimentieren und Üben können Sie Ihre Fähigkeiten verbessern, sich inspirieren lassen und mit den Branchentrends Schritt halten. Also machen Sie weiter, nutzen Sie jede Gelegenheit zum Lernen und Wachsen und beobachten Sie, wie Ihre fotografischen Fähigkeiten und Ihr Selbstvertrauen wachsen!

Inspiriert bleiben: Andere Kunstformen erkunden

Tauchen wir ein in die wunderbare Welt der Inspiration, indem wir andere Kunstformen jenseits der Fotografie erkunden. Wenn Sie aus verschiedenen kreativen Disziplinen schöpfen, können Sie Ihrer Fotografie frische Ideen, Perspektiven und Techniken verleihen und Ihre Arbeit dynamisch und innovativ halten.

Tauchen Sie zunächst in die Welt der bildenden Kunst ein, indem Sie Kunstgalerien, Museen und Ausstellungen besuchen. Entdecken Sie verschiedene Genres, Stile und Bewegungen, von klassischen Gemälden bis hin zu zeitgenössischen Installationen. Achten Sie auf Komposition, Farbe, Beleuchtung und Erzähltechniken, die in verschiedenen Kunstwerken verwendet werden, und überlegen Sie, wie Sie diese Elemente in Ihre eigene Fotografie integrieren können.

Beschränken Sie sich nicht nur auf die bildende Kunst, sondern erkunden Sie auch andere kreative Medien wie Musik, Literatur, Film, Tanz und Theater. Jede Kunstform bietet einzigartige Einblicke und Emotionen, die Ihre Fotografie auf unerwartete Weise inspirieren können. Hören Sie Musik, die eine bestimmte Stimmung oder Emotion hervorruft, und übersetzen Sie diese durch Ihre Fotografie in visuelle Bilder. Lesen Sie Bücher oder Gedichte, die Ihre Fantasie anregen, und nutzen Sie sie als Inspiration für konzeptionelle Fotoshootings. Schauen Sie sich Filme oder Aufführungen an, die Sie fesseln und lassen Sie sich von deren Erzähltechniken und visueller Ästhetik inspirieren.

Experimentieren Sie mit interdisziplinären Kooperationen, indem Sie sich mit Künstlern anderer Disziplinen zusammenschließen. Arbeiten Sie mit Musikern, Tänzern, Schauspielern oder Schriftstellern zusammen, um Multimedia-Projekte zu erstellen, die Fotografie mit anderen Kunstformen verbinden. Die Zusammenarbeit mit Künstlern mit unterschiedlichem Hintergrund kann Ihrer Fotografie neue

Perspektiven, Ideen und kreative Energie verleihen und spannende Möglichkeiten zum Erkunden und Experimentieren eröffnen.

Machen Sie eine Pause vom Fotografieren und nehmen Sie an praktischen kreativen Aktivitäten wie Zeichnen, Malen, Bildhauern oder Basteln teil. Die Arbeit mit Ihren Händen in verschiedenen Medien kann Ihre Kreativität anregen und Ihnen helfen, die Welt aus einer neuen Perspektive zu sehen. Experimentieren Sie mit verschiedenen Texturen, Farben und Materialien und integrieren Sie Elemente dieser taktilen Erlebnisse in Ihre Fotografie, um Ihren Bildern Tiefe und Dimension zu verleihen.

Lassen Sie sich schließlich von der Schönheit der Natur und der Welt um Sie herum inspirieren. Machen Sie Spaziergänge in der freien Natur, beobachten Sie den Wechsel der Jahreszeiten und genießen Sie die Anblicke, Geräusche und Gerüche der Natur. Nutzen Sie Ihre Kamera als Werkzeug zum Erkunden und Entdecken und fangen Sie die Schönheit und Wunder der Welt auf Ihre ganz eigene Art ein.

Zusammenfassend lässt sich sagen, dass die Suche nach Inspiration in anderen Kunstformen eine wirksame Möglichkeit ist, Ihre Kreativität anzukurbeln und Ihre Fotografie frisch und aufregend zu halten. Durch die Auseinandersetzung mit bildender Kunst, Musik, Literatur, Film, Tanz, Theater und praktischen kreativen Aktivitäten können Sie Ihren künstlerischen Horizont erweitern, neue Ideen und Techniken entdecken und Ihrer Fotografie Tiefe, Emotion und Bedeutung verleihen. Also machen Sie weiter, erkunden Sie, experimentieren Sie und lassen Sie sich von der Schönheit der Kunst auf Ihrer fotografischen Reise inspirieren!

Pflege Ihrer Ausrüstung: Tipps zur Reinigung und Lagerung

Lassen Sie uns auf einige wichtige Tipps eingehen, wie Sie Ihre Fotoausrüstung in Top-Zustand halten, damit sie auch in den kommenden Jahren weiterhin ihre beste Leistung erbringen kann.

Erstens ist eine regelmäßige Reinigung der Schlüssel, um zu verhindern, dass sich Staub, Schmutz und Ablagerungen auf Ihrer Ausrüstung ansammeln. Verwenden Sie eine Bürste mit weichen Borsten oder einen Blasebalg, um Staub und Schmutz von Ihrem Kameragehäuse, Ihren Objektiven und anderen Geräten zu entfernen. Gehen Sie bei der Reinigung empfindlicher Teile wie dem Sensor oder den Linsen Elementen vorsichtig vor, um Kratzer oder Beschädigungen zu vermeiden.

Bei hartnäckigerem Schmutz oder Flecken verwenden Sie ein leicht mit Linsen Reinigungslösung oder Isopropyl Alkohol angefeuchtetes Mikrofasertuch. Vermeiden Sie die Verwendung aggressiver Chemikalien oder scheuernder Materialien, da diese die empfindlichen Beschichtungen Ihrer Objektive und des Kameragehäuses beschädigen können.

Vergessen Sie nicht, auch Ihre Kameratasche oder -tasche regelmäßig zu reinigen. Staub und Schmutz können sich in Ihrer Tasche ansammeln und auf Ihre Ausrüstung übertragen. Leeren Sie sie daher regelmäßig und wischen Sie den Innenraum mit einem feuchten Tuch ab.

Wählen Sie für die Lagerung Ihrer Ausrüstung einen sauberen, trockenen und gut belüfteten Ort ohne direkte Sonneneinstrahlung und extreme Temperaturen. Erwägen Sie die Investition in einen speziellen Kameraschrank, eine Tasche oder eine Aufbewahrungsbox, um Ihre Ausrüstung organisiert und geschützt aufzubewahren, wenn sie nicht verwendet wird.

Bewahren Sie Ihre Objektive und Kameragehäuse mit angebrachten Objektiv- und Gehäusedeckeln auf, um sie vor Staub und Feuchtigkeit zu schützen. Wenn Sie mehrere Objektive haben, lagern Sie diese aufrecht oder auf der Seite, um zu verhindern, dass sie herumrollen und möglicherweise beschädigt werden.

Investieren Sie in Objektiv- und Kamera Gehäusedeckel, Gegenlichtblenden und Schutzfilter, um Ihrer Ausrüstung einen zusätzlichen Schutz zu bieten, wenn sie nicht verwendet wird. Dieses Zubehör kann dazu beitragen, Kratzer, Beulen und andere Schäden zu vermeiden, die während des Transports oder der Lagerung auftreten können.

Erwägen Sie die Verwendung von Silicagel-Päckchen oder Luftentfeuchtern in Ihrer Kameratasche oder Ihrem Stauraum, um die Feuchtigkeit zu kontrollieren und Schimmelbildung vorzubeugen. Ersetzen Sie die Kieselgel-Päckchen regelmäßig oder laden Sie sie nach Bedarf auf, um ihre Wirksamkeit aufrechtzuerhalten.

Schließlich sollten Sie die regelmäßige Wartung und Instandhaltung Ihrer Ausrüstung nicht vernachlässigen. Vereinbaren Sie routinemäßige Kontrollen und Reinigungen mit einem professionellen Kameratechniker, um sicherzustellen, dass Ihre Ausrüstung ordnungsgemäß funktioniert, und um etwaige Probleme zu beheben, bevor sie eskalieren.

Zusammenfassend lässt sich sagen, dass die Pflege Ihrer Fotoausrüstung eine regelmäßige Reinigung, ordnungsgemäße Lagerung und gelegentliche Wartung erfordert. Indem Sie diese Tipps befolgen und in Ihre Routine integrieren, können Sie Ihre Ausrüstung in einem Top-Zustand halten und sicherstellen, dass sie auch in den kommenden Jahren weiterhin ihre beste Leistung erbringt. Also legen Sie los, zeigen Sie Ihrer Ausrüstung etwas Liebe und Sie werden immer wieder mit wunderschönen Bildern belohnt!

Umgang mit Burnout und kreativen Blockaden

Lassen Sie uns einige Strategien zur Überwindung von Burnout und kreativen Blockaden erkunden, damit Sie Ihre Leidenschaft für die Fotografie neu entfachen und wieder großartige Arbeiten schaffen können.

Zunächst ist es wichtig, die Anzeichen eines Burnouts zu erkennen und sich bei Bedarf die Erlaubnis zu gönnen, eine Pause einzulegen. Hören Sie auf Ihren Körper und Geist – wenn Sie sich erschöpft, überfordert oder uninspiriert fühlen, ist es in Ordnung, einen Schritt zurückzutreten und neue Energie zu tanken.

Nehmen Sie sich Zeit für Selbstpflege- und Entspannungsaktivitäten, die Ihnen helfen, abzuschalten und Stress abzubauen. Ob Sie einen Spaziergang in der Natur machen, Achtsamkeit oder Meditation praktizieren, ein Buch lesen oder Zeit mit Ihren Lieben verbringen, priorisieren Sie Aktivitäten, die Ihnen Freude bereiten und Ihren Geist regenerieren.

Versuchen Sie, die Ursachen Ihres Burnouts zu identifizieren und diese proaktiv anzugehen. Nehmen Sie sich zu viel Arbeit vor? Vernachlässigen Sie Ihre körperliche oder geistige Gesundheit? Fühlen Sie sich kreativ stagniert oder uninspiriert? Sobald Sie verstehen, was zu Ihrem Burnout beiträgt, können Sie Maßnahmen ergreifen, um positive Veränderungen herbeizuführen und Ihr Leben wieder ins Gleichgewicht zu bringen.

Experimentieren Sie mit neuen Techniken, Themen oder Stilen, um aus kreativen Trotts auszubrechen und Inspiration zu wecken. Fordern Sie sich heraus, etwas anderes auszuprobieren und über Ihre Komfortzone hinauszugehen. Nehmen Sie an einem Fotografie-Workshop teil, erkunden Sie einen neuen Ort oder arbeiten

Sie mit anderen Künstlern zusammen, um Ihrer Arbeit neue Energie zu verleihen.

Schaffen Sie ein unterstützendes und förderndes Umfeld, in dem sich Ihre Kreativität entfalten kann. Umgeben Sie sich mit positiven Einflüssen, seien es Fotografen Kollegen, Mentoren oder Freunde, die Ihre kreative Reise verstehen und schätzen. Teilen Sie Ihre Probleme und Erfahrungen mit anderen und suchen Sie bei Bedarf Unterstützung und Ermutigung.

Üben Sie Selbst Mitgefühl und Geduld mit sich selbst in Zeiten kreativer Blockaden. Denken Sie daran, dass die Kreativität abnimmt und abnimmt und es in Ordnung ist, Phasen mit geringer Inspiration oder Produktivität zu haben. Seien Sie freundlich zu sich selbst und vertrauen Sie darauf, dass Ihr kreativer Funke zu gegebener Zeit zurückkommt.

Setzen Sie sich realistische Ziele und Erwartungen und teilen Sie größere Projekte in kleinere, überschaubare Aufgaben auf. Feiern Sie kleine Siege und Fortschritte auf Ihrem Weg und seien Sie nicht zu streng mit sich selbst, wenn die Dinge nicht wie geplant verlaufen. Denken Sie daran, dass jeder Rückschlag eine Chance für Wachstum und Lernen ist.

Scheuen Sie sich nicht, professionelle Hilfe in Anspruch zu nehmen, wenn Sie unter Burnout oder psychischen Problemen leiden. Sprechen Sie mit einem Therapeuten oder Berater, der Ihnen auf Ihre Bedürfnisse zugeschnittene Anleitung und Unterstützung bieten kann. Denken Sie daran, dass es in Ordnung ist, um Hilfe zu bitten, wenn Sie sie brauchen, und dass die Sorge um Ihre geistige Gesundheit für das allgemeine Wohlbefinden von entscheidender Bedeutung ist.

Zusammenfassend lässt sich sagen, dass die Überwindung von Burnout und kreativen Blockaden Selbstbewusstsein, Selbstfürsorge und die Bereitschaft erfordert, neue Ideen und Ansätze zu erkunden. Indem Sie sich Zeit zum Ausruhen und Auftanken nehmen, mit neuen Techniken experimentieren, Unterstützung von anderen suchen und Selbstmitgefühl üben, können Sie Ihre Leidenschaft für die Fotografie neu entfachen und die Freude am Schaffen neu entdecken. Also machen Sie sich auf den Weg und vertrauen Sie darauf, dass Ihre Kreativität wieder aufblühen wird!

Feiern Sie Ihre Fortschritte und Erfolge

Nehmen wir uns einen Moment Zeit, um Ihre Fortschritte und Erfolge als Fotograf anzuerkennen und zu feiern. Ganz gleich, ob Sie gerade erst am Anfang Ihrer Reise stehen oder Ihr Handwerk schon seit Jahren verfeinern: Es ist wichtig, die Meilensteine und Erfolge auf dem Weg anzuerkennen und zu feiern.

Nehmen Sie sich zunächst die Zeit, darüber nachzudenken, wie weit Sie gekommen sind, seit Sie zum ersten Mal eine Kamera in die Hand genommen haben. Feiern Sie die Fähigkeiten, die Sie entwickelt haben, die Herausforderungen, die Sie gemeistert haben, und die Entwicklung, die Sie als Fotograf erlebt haben. Erkennen Sie das Engagement, die Leidenschaft und die harte Arbeit an, die Sie in die Verwirklichung Ihrer kreativen Vision investiert haben.

Feiern Sie Ihre Erfolge, egal wie groß oder klein. Egal, ob Sie eine atemberaubende Landschaft einfangen, ein anspruchsvolles Fotoshooting auf den Punkt bringen oder Anerkennung für Ihre Arbeit erhalten – seien Sie stolz auf Ihre Erfolge und die Anstrengungen, die Sie unternommen haben, um sie zu erreichen. Feiern Sie mit Freunden, der Familie oder anderen Fotografen, die Ihre Freude und Aufregung teilen können.

Vergessen Sie nicht, die Reise selbst zu feiern – die Momente der Inspiration, die gewonnenen Erkenntnisse und die Erinnerungen, die auf dem Weg entstehen. Beim Fotografieren geht es um mehr als nur die fertigen Bilder – es geht um die Erlebnisse, Verbindungen und Geschichten dahinter. Nehmen Sie sich Zeit, den Prozess des Erstellens und Teilens Ihrer Arbeit mit anderen zu genießen.

Nehmen Sie sich Zeit, um Ihre Fortschritte und Erfolge visuell festzuhalten. Erstellen Sie online oder in gedruckter Form ein Portfolio oder eine Galerie Ihrer besten Arbeiten, die zeigen, wie sich Ihre Fähigkeiten und Ihr Stil im Laufe der Zeit weiterentwickelt haben.

Nutzen Sie dies als Erinnerung daran, wie viel Sie erreicht haben, und als Motivation, sich weiter voranzutreiben.

Feiern Sie auch die Erfolge anderer in der Fotografie-Community. Teilen Sie Ihre Bewunderung und Unterstützung für andere Fotografen, die Sie inspirieren, sei es durch Liken, Kommentieren oder Teilen ihrer Arbeiten in den sozialen Medien oder durch den Besuch ihrer Ausstellungen oder Veranstaltungen. Der Aufbau einer unterstützenden und kollaborativen Community kann Ihren eigenen Erfolg steigern und mehr Freude und Erfüllung in Ihre fotografische Reise bringen.

Denken Sie abschließend daran, die Momente der Freude, des Staunens und der Schönheit zu feiern, die die Fotografie in Ihr Leben bringt. Ganz gleich, ob es darum geht, einen flüchtigen Moment natürlicher Schönheit festzuhalten, Ihrer Kreativität durch Ihre Arbeit Ausdruck zu verleihen oder durch Ihre Bilder mit anderen in Kontakt zu treten – nehmen Sie sich Zeit, um die Magie der Fotografie und die Freude, die sie in Ihr Leben bringt, zu schätzen.

Zusammenfassend lässt sich sagen, dass das Feiern Ihrer Fortschritte und Erfolge als Fotograf ein wichtiger Bestandteil dafür ist, auf Ihrer kreativen Reise motiviert, inspiriert und erfüllt zu bleiben. Indem Sie sich die Zeit nehmen, darüber nachzudenken, wie weit Sie gekommen sind, Ihre Erfolge anzuerkennen und Ihre Freude mit anderen zu teilen, können Sie in Ihrer Fotografie Praxis ein Gefühl von Stolz, Dankbarkeit und Erfüllung entwickeln. Also machen Sie weiter, feiern Sie Ihre Erfolge und streben Sie weiterhin danach, auf Ihrer fotografischen Reise neue Höhen zu erreichen!

www.ingramcontent.com/pod-product-compliance
Lightning Source LLC
Chambersburg PA
CBHW050233230526
45470CB00005B/1923